山本芳久
Yoshihisa Yamamoto

トマス・アクィナス

理性と神秘

岩波新書
1691

序

愛という眼

「愛のあるところ、そこに眼がある（Ubi amor, ibi oculus）」。これはトマス・アクィナス（一二二五頃―七四）の著作のなかに見出される有名な格言である。この格言は、「恋は盲目」の正反対の意味と考えると分かりやすい。愛しているからこそ見えてくる物事の深層というものがある。私だけが知っているあの人の本当の姿、長く聴き続けてきたからこそ見えてくるようになった好きな音楽の本当の魅力。この世を生きている限り、誰であれ、そうした仕方で深く愛する何かを有しているだろう。

書物を読む、ということに関しても事態は同様だ。愛読し続けていくことによって初めて見えてくる書物の魅力がある。単なる情報収集や暇つぶし、何らかの技量を身につけるためのハウツー本、そのような読書ではなく、読むこと自体が人生の最も豊かな時間となるような、そういった読書の経験を与えてくれる書物、それが「古典」と呼ばれてきた書物である。

トマスの『神学大全』は、そのような古典の一つだ。そして、有名なわりには、我が国においては充分には読まれてこなかった書物でもある。半世紀以上かけて二〇一二年に完結した『神学大全』の邦訳は、全四十五巻にも及ぶ長大なものだ。ラテン語原典ではなく、邦訳であっても、この書物を通読したことのある日本人は、いまだほとんどいないだろう。これほどまでに巨大な書物である『神学大全』は、だが、トマスが残した全著作の七分の一程度にすぎない。

この小著で、膨大な著作を残しているトマスの思想体系のすべてを語り尽くすことは不可能だ。本書において試みたいのは、二十年以上にわたってトマスを愛読してきた著者の「愛という眼」に映ったトマスの姿を、ありありと読者に伝えることである。トマスに対する著者の「偏愛」を抑制して教科書的な仕方で要約的に解説するよりも、こうしたやり方のほうが、トマスの魅力をより生き生きとした仕方で、そして現代に生きる我々にとって親しみ深いものとして描き出すことができると考えているからだ。「愛という眼」に基づいてこそ事柄の真相が捉えられるという見解を抱いていたトマスの真の姿を捉えるために、著者の心に愛着を呼び起こしたトマスのテクスト群に焦点を当てて読解していくのは、最上の正攻法でもある。

「神学」と「哲学」への入門

本書は、可能な限りの分かりやすさを心がけて執筆されている。だが、分かりやすくするために、トマスのテクストに登場する分かりにくい概念や馴染みにくい要素を切り捨てるようなやり方は採用しない。本書には、「天使」や「天国」の話が登場する。世俗化・脱宗教化された世界観に慣れ親しんでいる現代日本人にとって分かりやすくするために、こういった要素を捨象して「トマスの人間観」や「トマスの存在論」「トマスの認識論」について語っても、トマスのトマスたるゆえんについて語ったことにはならない。「天使」や「天国」について何も語らずにトマスについて語ると、いわば、「産湯とともに赤子を流す」ことになりかねない。不要だと思われるものを捨てようとして、最も大事なものまで、ともに失われてしまう可能性があるのだ。そうして得られる「分かりやすさ」は、真の分かりやすさではない。「真に分かるべきこと」「分かりにくいが分かりうること」「分からないということが分かることに意味があること」を抜き去ってしまった挙句の果てに残る「分かりやすさ」に何の意味があるだろうか。本書は、このような観点から、一見馴染みにくい「天使」や「天国」の話にも、正面から取り組んでいく。それこそが、真にトマスをトマスとして解読し、そのテクストが我々に語りかけてくれるものを読み解くための近道だと考えるからだ。

トマスは哲学者でもあり神学者でもある。「哲学」というだけでも身構えてしまうのに、キリスト教の神学と聞くと、多くの人は、自分とは関係ないと思ってしまうかもしれないし、前提となる知識を持っていなければ理解することができないと、読む前から諦めてしまうかもしれない。

だが、トマスは非常に明晰な書き手であり、『神学大全』は、本格的な神学書のなかでは、とても読みやすい書物だ。そして、我々の心に訴えかけてくる魅力的な言葉が詰まっている。このような魅力的な書物に触れる機会を多くの人が持たずにいるのは実に惜しいことである。トマスのテクストの魅力に少しでも触れていただくために、本書では、私の言葉のみで要約的にトマスの思想を概説するのではなく、トマスのテクストを豊富に引用しながら、読者と一緒に読み解いていくという方針を採用している。

本書はトマス・アクィナスを主題とする初の新書である。新書という形式上、本書は入門書として書かれている。だが、それは、トマス思想の全貌を薄く広く網羅しようと試みるような意味での入門書ではない。偉大な思想家の思索の全貌を薄く広く要約的に紹介するだけの「入門書」は、結局、何に対しても読者を「入門」させてくれないからだ。真の入門書は、読者を門のなかへと導き入れ、たとえ遅々とした歩みであったとしても、読者が自らの足で歩み始めることができるよう、促すものでなければならない。引用されているトマスのテクストに触れ、私の「読み」をも一つの手がかりにしながら、少しでも多くの読者がトマス自身のテクストをひもといていくための一つのきっかけになることを願っている。

目 次

凡例

テクスト箇所の指示に関する略号は慣例に従った。主なものは以下のとおりである。q. = quaestio（問題）、a. = articulus（項）、arg.1, 2, … = argumentum 1, 2, …（異論一、二、…）、s.c. = sed contra（反対異論）、ad 1, 2, …（異論解答一、二、…）。

『神学大全』（*Summa Theologiae*）からの引用は、書名を付さず、慣例に従って、I, q.1, a.2, ad 1 のように表記した（第一部第一問題第二項異論解答一を意味する。「項」以降の指示がない場合には、「主文」を指す）。なお、同書の第二部は、第二部の第一部と第二部の第二部へとさらに細分化される。第二部の第一部（Prima Secundae）は I-II と表記し、第二部の第二部（Secunda Secundae）は II-II と表記する。

引用文における著者による挿入・補足的説明は〔　〕内に記した。引用者による省略は〔……〕で記した。なお、本文中の引用は拙訳による。既存の邦訳を参照または活用した部分もあるが、その場合にも、コンテクストや首尾一貫性への配慮から訳語等を部分的に変更させていただいた。訳者の方々に感謝するとともに、最終的な文責は著者にあることをおことわりしておきたい。なお、『神学大全』のテクストは、最も権威のあるレオ版を使用し、随時、オタワ版を参照した。

なお、ラテン語のカタカナ表記については、短母音・長母音の区別を踏まえつつも、慣例に基づいた表記をしている部分がある。

第一章　トマス・アクィナスの根本精神

一　トマスの「新しさ」

既存の権威への挑戦者としてのトマス

トマス・アクィナスという人物を理解するための最大の鍵の一つは、彼の「新しさ」を理解するところにある。トマスの没後の比較的早い段階で優れた伝記を著したトッコのギレルムス（一二四〇頃―一三二三頃）は次のように述べている。

トマスは自らの講義のなかで新しい問いを立て、解決を与えるための斬新で明晰なやり方を発見し、解決において新しい論拠を導き入れた。こうして、彼が新しいことを教え、新しい論拠に基づいて疑わしいことを解決するのを聴講した者のうちの誰も、神が彼を新しい光によって照らし出したことを疑う者はなかった。

このテクストにおいて過剰なまでに強調されているのは、トマスの「新しさ」である。トマスについて多少の知識を有している人の多くが抱きがちな、「カトリック教会の伝統的な教えを正当化するための数多くの体系的な著作を残した権威主義的な神学者」――偉大ではあるかもしれないが新鮮味のない人物――というトマスについてのイメージは、非常に一面的なものだ。トマスは、むしろ、既存の権威への挑戦者であった。トマスの「新しさ」は周囲のすべての人から歓迎されたどころか、むしろ、様々な論敵を呼び起こすようなものだったのである。

ドミニコ会の根本精神――「観想の実りを他者に伝える」

トマスの残した魅力的な言葉の一つに、次のような言葉がある。

> 単に輝きを発するよりも照明する方がより大いなることであるように、単に観想するよりも観想の実りを他者に伝える方がより大いなることである。(II-II, q.188, a.6)

この文のなかに含まれている「観想の実りを他者に伝える」という句は、トマスの属していたドミニコ会のモットーとして後に採用され、人口に膾炙《かいしゃ》するようになった。

ドミニコ会は、ドミニクス(一一七〇頃―一二二一)によって一二一六年に創立された修道会であり、正式名称は「説教者兄弟会」である。修道会とは、カトリック教会において何らかの特別な使命を果たすために結成された修道者たちの共同体である。日本で広く知られているものとしては、イエズス会、フランシスコ会、カルメル会などがある。ドミニコ会は、同時代に成立したフランシスコ会とともに、托鉢修道会と呼ばれる。十二世紀までの修道会は、農村に大土地を所有して、そこに定住しながら祈りの生活に従事する形態が中心であった。

トマス自身も、そのような修道会を代表するベネディクト会のモンテ・カッシーノ修道院に六歳で入れられ、一二四四年にドミニコ会に入会するまでは、「祈り、働け」をモットーとするベネディクト会の一員としての生活を送っていた。

托鉢修道会の誕生

それに対して、托鉢修道会は、急速に発展した都市における巡歴説教に力を入れるものであり、都市において盛んになっていた様々な異端的宗教活動に対抗して、キリスト教の正統的な教えを「説教」を通じて伝達することを目的としていた。それは、大土地所有者となって元来の精神を失いかけていた従来型の大修道会に対抗してキリスト教の原点に立ち戻るという点においては、「異端」とされた諸宗教運動（カタリ派、ワルドー派）と共通点を有していた。とはいえ、富や物質を悪と見なしたり、一なる善い神の他に、この物質的世界を創造した悪しき神が存在すると考えるような極端な立場――宗教的二元論――に与《くみ》することはなく、キリスト教の正統的な教えを原点に立ち戻って立て直そうとしていた。教えに感銘を受けた民衆からの食物などの喜捨によって生計を立てること――托鉢――によって、農村への定住から解放され、自由に移動しながら説教活動に従事する新しい修道会が誕生したのである。定住せずに、清貧のなかで神の真理を探求し説教する動的な集団というのは、イエスとその弟子たちの集団をモデルとしたものであり、キリスト教の原点回帰の運動の一つであった。

　貴族階級に属していたトマスの両親は、栄達と安定が約束された大修道院での生活を捨てて、いまだ海のものとも山のものとも分からないドミニコ会に入会しようとするトマスの決心に反対し、一時はその居城にトマスを監禁してまで入会を思いとどまらせようとした。その家族の強硬な反対を押し切ってまで入会したドミニコ会の根本精神を、晩年のトマスは、「観想の実りを他者に伝える」という端的な言葉で凝縮して表現しているのだ。この言葉は、『神学大全』第二部の第二部第百八十八問題第六項の「観想的生活（vita《ヴィータ》 contemplativa《コンテンプラーティーヴァ》）に従事する修道会は、活動的生活（vita activa《アクティーヴァ》）に従事する修道会よりも優れているか」という問題に対する解答のなかで語られているものである。

「観想的生活」と「活動的生活」

「観想的生活」と「活動的生活」という区別は、キリスト教ではなく、古代ギリシアのアリストテレス(前三八四―三二二年)に由来する。「観想的生活」と訳されるのは、ギリシア語ではβίος《ビオス》 θεωρητικός《テオーレーティコス》であり、「活動的生活」と訳されるのはβίος πρακτικός《プラクティコス》である。「観想(θεωρία《テオーリア》)」とは、何らかの実践的な目的のためにではなく、純粋に世界を眺め、事柄の真相をありのままに認識しようとする知的営みを意味する。θεωρία《テオーリア》という語は、英語のtheoryという語の語源でもある。theoryは既に出来上がった「理論」を意味するが、ギリシア語のθεωρία《テオーリア》は、「観る」を意味する動詞θεωρεῖν《テオーレイン》に由来するものであり、世界をありのままに観ることそのものを意味する。それに対して、「活動」とは、社会のなかで置かれた各自の役割に応じた外的な実践的営みを意味する。

中世になると、古代ギリシア哲学に由来するこの二つの生活形態の優劣について、新たな観点から問われるようになった。そのさい、「観想」は、単なる学問的な真理の探求を意味するのではなく、祈りや黙想に基づきながら精神を究極的な真理である神へと一致させていく活動を意味するようになっていった。

トマスは、このような文脈のなかで、活動的な修道会と観想的な修道会の優劣を問いつつ、観想と実践（説教・教育という外的活動）を絶妙に統合したドミニコ会の在り方は、観想に主眼を置いた修道会や外的活動（慈善活動など）に従事する修道会よりも優れていると答えている。そのクライマックスに登場するのが、前掲の魅力的な言葉なのだ。

ドミニコ会士としてのトマス

トマスはなぜベネディクト会を出て新興のドミニコ会に入ることを決断したのか。トマス自身が自らの内面生活を語る記録を残しておらず、周辺の人物たちも明確な証言を残していない以上、推測に頼る以外の道は我々には残されていない。そもそも、若き日のトマス自身にとっても、自らの決断の理由のすべてが明確に見えていたわけではないのかもしれない。

だが、この「観想の実りを他者に伝える」という、真理の探求精神と教育精神を凝縮して表現した壮年のトマスの文言が、ドミニコ会に入会することによってトマスが実現しようとしたことを極めて端的に表現していることは間違いがない。若き日より自らの生涯を突き動かしてきた原動力が、壮年のトマスの精神において熟し、端的な言葉へと凝縮されたものこそ、「観想の実りを他者に伝える」という句にほかならないのだ。

キリスト教以前の時代を生きたアリストテレスにおいては、観想的生活とは、この世界・宇宙の全体を、実践的な目的のためにではなく、純粋にそれ自体としてありのままに眺め、認識することであった。それに対して、キリスト教の神学者であるトマスにとっては、この世界・宇宙の創造者である神をありのままに認識する――聖書の表現で言えば「顔と顔を合わせて神を見る」――ことであった。「理性」によって世界のありのままの姿を観想しようとするアリストテレスの深い影響を受けたトマスが、ありのままに知り愛することに生涯をかけたのは、人間の「理性」を超えた「神秘」そのものである神だったのである。

アリストテレスとの出会い

新しい修道会としてのドミニコ会の特徴は、遍歴的な説教活動というキリスト教の原点回帰的な運動にのみあったのではない。ドミニコ会は、当時の最先端の知を取り入れることにも極めて熱心であった。ここで言う「最先端の知」とは、ある意味奇妙なことではあるが、キリスト教の誕生を遡ること数世紀に活躍した古代ギリシアの哲学者アリストテレスであった。

ギリシア語で著されたアリストテレスの著作群は、ラテン・キリスト教世界(現在の西ヨーロッパ)には一部の論理学的著作を除いては伝わっていなかった。ところが、十二世紀になると、イスラーム世界を経由して、アリストテレスのテクストがラテン・キリスト教世界に流入してくることとなった。イスラーム世界では、アリストテレスのテクストがアラビア語に翻訳され、アヴィセンナ(九七三／八〇－一〇三七)やアヴェロエス(一一二六－九八)などの優れた哲学者がアリストテレスに依拠した思索を既に深めていた。ラテン世界に流入し始めたアリストテレスは、初めはアラビア語からラテン語に翻訳され、次第にギリシア語原典からラテン語に翻訳されるようになっていった。客観的な年代としては千数百年も前の哲学者であるアリストテレスのテクストが、十二世紀から十三世紀にかけてのラテン・キリスト教世界においては、斬新な「現代思想」として立ち現れてきていたのである。

それまでは本格的に知られることのなかったアリストテレスの全体像が知られてくるにつれて、アリストテレスを受容すべきか否かということをめぐって、ラテン・キリスト教世界の知識人のうちに大きな確執と論争が生まれてきた。それは、一つの知的な危機の発生でもあった。それまでのラテン・キリスト教世界の知識人にとって、この世界を全体的に説明することのできる体系的な世界観は、聖書に基づいたキリスト教的な世界観のみであった。ところが、アリストテレスは、「神の啓示」といった超自然的なものに訴えかけることなしに、経験と理性のみに基づいてこの世界の全体を説明する方式を示していた。動物論・自然学から倫理学・政治学を経て形而上学や宇宙論に至る体系的な世界観を提示するアリストテレスのテクストは、キリスト教に取って代わりうる、もう一つの知的世界の可能性を示唆していた。

アリストテレスとキリスト教の緊張関係

しかも、アリストテレスの教説のなかには、キリスト教の世界観と明らかに衝突するように思われる二つの教説が含まれていた。「知性の単一性」と「世界の永遠性」という二つの教説である。「知性の単一性」はアリストテレス自身というよりは、アリストテレスの解釈者のなかから生まれてきた教説である。単純に言えば、世界には唯一つの「知性」のみが存在し、この「知性」が一人ひとりの人間を通じて認識活動をする、という教えであった。これは、一人ひとりの個人が知的な主体であり、各人の知的判断に基づいた行為の積み重ねによって来世の賞罰が決まるというキリスト教的な人間理解の根幹を揺るがしかねない教説であった。

また、「世界の永遠性」とは、この世界全体は始まることも終わることもない永遠のものだという教説であり、神による世界の時間的な創造と終末を信じるキリスト教的な歴史理解と対立するものであった。

このような問題を含んでいたアリストテレス受容をめぐって、ラテン・キリスト教世界の神学者・哲学者には大きく分けて三つの対応の仕方があった。

第一は、「保守的アウグスティヌス主義」と呼ばれる立場である。この立場に立つ神学者たちは、アウグスティヌス(三五四―四三〇)に依拠する伝統的な神学的世界像を受け継いでいればよいと考え、アリストテレスからは、伝統的なキリスト教的世界像と衝突しない要素のみを受容しようとした。

第二は、「急進的アリストテレス主義」や「ラテン・アヴェロエス主義」と呼ばれる立場である。ブラバンのシゲルス(一二四〇頃―八四以前)を代表とする学芸学部の教授たちが主にこの立場を取った。彼らは、哲学の自律性を重視し、「世界の永遠性」や「知性の単一性」といった、キリスト教の教義に真っ向から対立する教説も、理性に基づいて哲学的に考察する限り、真理だということになると考えた。そして、「信仰の真理」と「哲学の真理」とを区別し、キリスト教信仰の真理に反する内容を有するものであっても、哲学上は真理と見なしうると主張することによって、自らの哲学的立場を神学者たちによる批判から擁護しようとした。彼らのこのような立場は、しばしば、「二重真理説」の立場と言われる。

中道的アリストテレス主義

第三の立場は、「中道的アリストテレス主義」と呼ばれる立場である。アルベルトゥス・マグヌス(一一九三/一二〇〇―八〇)や、その弟子であるトマス・アクィナスに代表されるドミニコ会の神学者がこのような立場を取った。

「中道的」という言い方は誤解を招きやすい。どっちつかずであったり、いいとこ取りであったりするような中途半端で生ぬるい立場だという印象を与えやすいからだ。だが、前述の「保守的」な立場は言うまでもないが、「急進的」と規定される「ラテン・アヴェロエス主義」

と比べても、より新しいヴィジョンを提供するものであった。

これは、一見意外かもしれないが、少し考えてみれば、自然なことでもある。というのも、「保守的アウグスティヌス主義」や「急進的アリストテレス主義」においては、アリストテレスのテクストが与えた脅威に対する応答が、正面から試みられてはいないからだ。すなわち、「保守的アウグスティヌス主義」においては、伝統的なキリスト教世界観を変革することはせずに、従来の考え方と無理なく接合することができる部分においてのみ、アリストテレスを導入するという弥縫策《びほうさく》が試みられていたにすぎない。また、「ラテン・アヴェロエス主義」においても、イスラーム世界において既に形成されていたアヴェロエスの解釈に準拠してアリストテレスを解読していくことが試みられていたにすぎず、新思想であるアリストテレスとキリスト教の伝統的な神学とは対話・対決させられることのないままに留まっていた。

それに対して、「中道的アリストテレス主義」の場合には、アヴェロエスとは異なる仕方で、テクストにより密着して解釈し直すことによって、アリストテレスの理解を刷新する。そして、刷新されたアリストテレスの理性的な世界理解を援用することによって、キリスト教神学をより理性的な仕方で構築し直し、それらをダイナミックな相互関係のなかに置き直すことが試みられていた。そうした斬新な試みのうちにこそトマス・アクィナスの残したテクストの魅力があるる。

二　キリスト教とアリストテレスの統合

「宇宙とその諸原因の全秩序が霊魂に書き記される」

トマスが生涯をかけた知的探求において目指していた最終的なヴィジョンについて語っている、次のような魅力的なテクストがある。

『霊魂論』第三巻において、「魂はある意味においてすべてのものである」と言われている。なぜならば、魂はすべてのものを認識するような本性を持っているからである。このような仕方で、全宇宙の完全性が一つのもののうちに存在することができる。それゆえ、哲学者たちによると、次のようなことが、魂の到達することのできる究極的な完全性である。すなわち、宇宙とその諸原因の全秩序が霊魂に書き記される、ということである。そして哲学者〔アリストテレス〕は、そこに人間の究極目的を措定しもしたのであるが、我々〔キリスト教徒〕に言わせれば、それは神の直視のうちにあるであろう。というのも、グレゴリウスが言っているように、「すべてを観たまう者〔神〕を観る者、その者の眼に入らないものがあろうか？」（『定期討論集　真理について』第二問題第二項）

「魂の到達することのできる究極的な完全性」とは「宇宙とその諸原因の全秩序が霊魂に書き記される」ことであり、そこにこそ「人間の究極目的」がある——この魅力的なテクストは、ある意味、トマスの哲学・神学体系の最も凝縮された要約とも言える。

ここで「宇宙」と訳しておいた universum《ウーニヴェルスム》というラテン語は、「万物」や「全世界」と訳すことも可能な言葉である。万物は、因果関係によって緊密に繫がった相互連関を形成しており、その全体が一つの「秩序(ordo《オルドー》)」を形成している。

そして、人間精神から独立して存在するこの秩序は、人間精神と無関係であるどころか、「霊魂」すなわち人間精神に「書き記される」。ここで「書き記される」と訳した describatur というラテン語は、「書き記す」という意味の describo《デースクリーボー》という動詞の受動形である。人間精神がこの世界の秩序を認識して、それを書物に書き記したりするというのではない。むしろ、人間精神から独立して存在する「宇宙とその諸原因の全秩序」の側が主体となって、人間精神のうちに自らを刻み込むという事態が語り出されているところが大変興味深い。

多様な「権威」の統合

このテクストの魅力は、語られている内容のみにあるのではない。トマスの語り口の魅力も見逃すことができない。その語り口の魅力の大きな要素を占めているのは、冒頭と末尾に置かれているアリストテレスとグレゴリウスのテクストからの引用である。

トマスの著作群において我々が出会うのは、「書き手」としてのトマスのみではない。「読み手」としてのトマスにも我々は出会う。それは、聖書やアリストテレス、アウグスティヌスなど、神学・哲学の古典的な書物の「読み手」としてのトマスである。トマスの著作群は、それ自体が一つの古典であるのみではなく、トマス以前に書かれた多くの古典に対する窓口ともなっている。

このテクストの核となっている「魂はある意味においてすべてのものである」という言葉は、トマスが好んで引用するアリストテレスの言葉の一つであり、『霊魂論』のうちにある。

それに対して、「すべてを観たまう者〔神〕を観る者、その者の眼に入らないものがあろうか？」という言葉は、大グレゴリウス（五四〇頃―六〇四）の『対話』からの引用である。大グレゴリウスは「グレゴリウス一世」とも呼ばれ、教皇をも務めた聖人だ。ヒエロニムス（三四七―四一九／四二〇）、アンブロシウス（三三九―三九七）、アウグスティヌスと並び、四大ラテン教父・教会博士として、西洋中世の霊性文化に多大な影響を与えた。主著である『道徳論』は、旧約聖書の「ヨブ記」を註解しつつ、「徳」概念を軸とした倫理学についての体系的な理論を展開する壮大な著作であり、トマスもかなりの頻度で引用している。

いかにもキリスト教的・神学的な色彩の強い「すべてを観たまう者（神）を観る者、その者の眼に入らないものがあろうか？」という紀元後六世紀のグレゴリウスの言葉と、キリストが誕生する数世紀前に古代ギリシアにおいてアリストテレスによって語られた「魂はある意味においてすべてのものである」という言葉は、元来は、全く異なった文脈において語られたものであり、直接的な関係はない。だが、このトマスのテクストにおいては、グレゴリウスのテクストとアリストテレスのテクストとが縦横無尽に結び付けられることによって、トマス独自の見解が絶妙な仕方で浮かび上がってくるようになっている。

多様な著者の多彩なテクストからの引用を独自な仕方で組み合わせながら自らの見解を提示していくのは、この時代の哲学――それは勃興期の大学という学校(schola《スコラ》)で形成され教えられた哲学という意味で「スコラ哲学」と呼ばれる――に共通の議論の進め方である。この時代には、哲学者や神学者であれば知っている共通の重要なテクスト群が存在した。それらのテクストを引用し、解釈しながら論じていくことによって、同時代や先立つ時代の他の論者たちと共通の土俵に立って議論を進めつつ、同時に、他の論者の見解・解釈との異同を明示することが可能になっていた。こうした仕方で議論の共通の土台となる古典的な著者の言葉を「権威(auctoritas《アウクトーリタース》)」と呼ぶ。

「権威」と言うと、偉いとされている人物が身にまとっている力を指したり、ある分野の第一人者のことを指すと受けとめられがちである。だが、スコラ学における auctoritas《アウクトーリタース》 とはそのようなものではない。それは、事柄の真相を射抜いた優れた著者(auctor《アウクトル》)の残したテクストのなかに含まれる言葉そのものを意味する。その意味では、「権威」よりは「典拠」と訳す方が適切とも言える。そして、「権威」とされたのは、「神の言葉」とされていた「聖書」の言葉や、「聖書」に基づいてキリスト教の教えの基礎を形作った教父のテクストのみではなかった。アリストテレスのように、キリスト教とは元来何の関係もない著者の言葉も、「権威」の中核部分として含まれていた。

アリストテレスとグレゴリウス

前掲の『定期討論集　真理について』に含まれていたアリストテレスからの引用は、「魂はある意味においてすべてのものである」というものであった。この引用は、『霊魂論』の第三巻第八章からのものであるが、その箇所に対する註解のなかでトマスは次のように述べている。

魂は人間にすべての形相の代わりに与えられている。それは、人間が魂に基づいてある意味ですべてのものである限りにおいて、ある意味で存在するもの全体となるためである。というのも、知性はすべての可知的な形相を受容する何らかの能力だからであり、感覚はすべての可感的な形相を受容する何らかの能力だからである。（『アリストテレス『霊魂論』註解』）

認識するとは、人間精神（魂）が世界を受容することにほかならないというトマスの基本的な見解を念頭に置いておくと、このテクストを理解することが容易になる。

アリストテレスが述べているように、人間精神は、最初は、「何も書かれていない書字板（tabula《タブラ》 rasa《ラーサ》）」のようなものである。だが、知性と感覚——視覚・聴覚・嗅覚・味覚・触覚——という認識能力を兼ね備えていることによって、人間は、自らの精神を認識を通じて次第に豊かなものとしていくことができる。知性を有さない動物も、感覚的な経験を積み重ねることによって、世界についてのより豊かな認識に分け与《あずか》っていくことができる。そのことは、認識能力を有さない他のものと比較してみると分かりやすい。たとえば、石には「経験」を積むということはない。別の言い方をすれば、石には「世界」が開かれてくるということがない。石には「心」がないと言っても同じことである。それに対して、動物には「心」があり、そこに開かれてくる「世界」がある。そしてその「世界」の開けは、五感を通じて行われる。視覚・聴覚・嗅覚・味覚・触覚による感覚的世界の経験を通じて、「可感的な形相を受容する」——感覚することのできる世界の在り方を受け入れていく——ことができるのだ。人間の場合には、それだけではない。「知性」によって「すべての可知的な形相を受容する」――宇宙万物の在り方を知的に認識する――ことができる。これが「魂はある意味においてすべてのものである」というアリストテレスの言葉の意味するところのものだ。

それに対して、「すべてを観たまう者〔神〕を観る者、その者の眼に入らないものがあろうか？」というグレゴリウスの言葉は、天国において顔と顔を合わせて神を直視している至福者たちの在り方を捉えたものである。全知全能でこの世界のあらゆる現象を時空を超えて認識している神を、愛に満ちた眼差しで直視している――これを神学用語で「至福直観」と言う――至福者たちは、すべてを観ている神を通じてすべてを観ることになるのだ、ということを示唆した魅力的な言明である。

愛に満ちた魅力的で熱い語り口ではあるが哲学的な基礎づけを伴ってはいないグレゴリウスの言葉と、冷徹に人間精神の可能性を哲学的に分析しているアリストテレスの言葉が絶妙な仕方で結び合わされることによって、トマスは、熱烈な宗教性と冷徹な哲学的認識とが相互浸透する魅力的な世界を読者に開示することに成功しているのである。

「知性」と「理性」

「魂はある意味においてすべてのものである」とか「宇宙とその諸原因の全秩序が霊魂に書

き記される」といった、人間精神の持っている驚異的な可能性についての洞察は、トマスの知的活動全体を支えている最も根源的な洞察であり、トマスは様々な著作のなかで、文脈に応じて変奏しつつ、同様の洞察を次のような仕方で繰り返し語り直している。

知性的な諸々の本性(naturae intellectuales)は他の本性よりも全体へのより大きな親近性を有している。というのも、それぞれの知性的な実体は、自らの知性によって全存在を把握する限りにおいて、ある意味においてすべてのものである。他方、何であれ他の諸実体は存在者への特殊的な分有のみを持つのである。(『対異教徒大全』第三巻第百十二章)

このテクストにおいて「知性的な実体」と言われているのは、より具体的に言えば、神と天使と人間のことである。ここで注意が必要なのは、「知性(intellectus《インテレークトゥス》)」と「理性(ratio《ラチオー》)」という言葉の区別だ。一言で言うと、「理性」とは推論的・過程的・分析的な理性のことであり、「知性」とは全体を把握する直観的な理性のことである。「知性認識する(intelligere)とは、可知的な〔知性によって理解可能な〕真理を端的に把握することである。それに対して、理性認識する(ratiocinari)とは、可知的な真理を認識するために、知性認識されたある一つのことから、もう一つのことへと進んでいくことである」(I, q.79, a.8)。

そして、このような厳密な区別に基づいて、「神」や「天使」は「知性的存在者」と呼ばれ、「人間」は「理性的存在者」と呼ばれる。「人間は、一つのことから他のことへと進んでいくことによって、可知的な真理の認識へと到達する。それゆえ人間は理性的存在者と言われている」(同前)。人間は、長い時間をかけて、丹念な観察と考察を積み重ねて、ようやく何らかの真理の認識へと到達することができる。これは当たり前のことだと思う読者がいるかもしれないが、必ずしもそうではない。トマスによると、人間よりも遥かに優れた存在である神や天使は、これとはかなり異なるタイプの認識の在り方を有しているからである。すなわち、「天使や神の知性は、直ちに完全に事物の全体的な認識を有している」(I, q.85, a.5)。「天使は、自らの自然本性的な在り方に基づいて、可知的な真理の認識を完全な仕方で持っているのだから、知性認識されたある一つのことからもう一つのことへと進んでいく必要はなく、〔……〕推論なしに端的に事物の真理を捉える」(I, q.79, a.8)。神や天使は推論的な理性に基づいて段階的に認識を深めていったりする必要はなく、端的かつ直観的な仕方で事柄の全体を一挙に把握することができるのである。

だが、だからといって、人間は、直観的な知性の働きを全く持たないわけではない。いや、それどころか、人間のあらゆる認識において、知性は不可欠の役割を果たしている。トマスは、アリストテレスに基づいて、理性をその目的に応じて「理論理性」と「実践理性」とに大別している。「理論理性」は真理の考察のみを目的とするものであるのに対して、「実践理性」は認識したものを、行為という目的へと秩序づける理性である。そして、この双方に関して、「知性」は大前提となる不可欠な役割を果たしている。第一原理の認識という役割である。

理論理性の第一原理

理論理性における第一原理は、「同時に肯定し、かつ否定するということはありえない」というものである。すなわち、同じものについて、同じ時に、同じ観点に基づいて、肯定し、かつ否定するということはありえない。たとえば、眼の前にあるものが「リンゴである」ことを肯定し、かつ否定するということはありえない。これは、一言で言えば、いわゆる矛盾律のことである。

もちろん、「矛盾律について説明してください」と言われて、誰でもが的確に説明できるわけではないだろう。すぐに説明できるのはむしろ少数派かもしれない。だが、説明できない人であっても、理性による認識活動に従事するさい、常に矛盾律を前提に認識活動を進めている。「これがリンゴであり同時にリンゴでない、などということはありえない」ということは、あらためて言うまでもない、そして敢えて意識するまでもない大前提として話を進めているのだ。すなわち、「同時に肯定し、かつ否定するということはありえない」ということは、時間をかけた推論の結果として知られるのではなく、知的存在である人間のあらゆる知的活動の大前提として、直観的に――推論を媒介とせずに直接的に――知られている。これが、理論理性の前提にある人間の知性の働きだ。

実践理性の第一原理

他方、実践理性の第一原理は、「善は為すべく、追求すべきであり、悪は避けるべきである」というものである。こちらについても具体例に基づいて考察してみよう。

我々が行為するとき、我々は常に、何らかの「善(bonum《ボヌム》)」を目指している。ここで使われている「善」という言葉は、単に道徳的に善いものという意味ではなく、「価値」という言葉で言い換えることもできるような、極めて広い意味である。トマスによると、「善」は三種類に大別できる。「道徳的善」「快楽的善」「有用的善」の三種類だ。「道徳的善」は、文字通り、「道徳的に善いもの」という意味である。「困っている人を助けるのは善いことだ」と言う場合の「善い」にあたるのがこの意味だ。他方、「このレストランは善いレストランだ」と言う場合、そこで働いているシェフやウエイターが道徳的に善い人柄を有している、などという意味で語られることはほとんどないであろう。そうではなく、雰囲気や味やサービスなどが総合的に顧客に喜びを与えるものであることが意味されている。これが「快楽的善」だ。また、「これは善いボールペンだ」と言うとき、書きやすく、かつ綺麗に文字が残る有用なボールペンだという意味で我々はこの言葉を発している。これが「有用的善」だ。我々が日常生活において「善い」や「善」という言葉を口にするとき、どのような意味でこの言葉を使っているのかを振り返って考察し直してみれば、これらの言葉を「道徳的善」の意味で使っている場面は存外少ないことに気づくことだろう。

我々の行為は常に、理性による選択の積み重ねによって構成されている。休日の自由時間に何をして過ごすのか。仕事の役に立つ新しい文房具――有用的善――を買いに行くのか、それとも愉しいこと――快楽的善――に時間を使うのか。愉しいことをするとしても、美味しいスイーツを食べに行くのか、映画を見に行くのか、何を選ぶのかを、理性によってあれこれ考察し、ある程度の時間をかけて決定する。だが、「善は為すべく、追求すべきであり、悪は避けるべきである」などということをいちいち意識したりはしない。実践理性の第一原理は、実践理性によるあらゆる働きの大前提として直観的に知られているものであり、理性による時間をかけた分析的な働きによるものではない。これは、あらゆる実践理性の働きの基盤にある直観的な「知性」の働きなのだ。このように、人間の知的能力は、理論的側面においても、実践的側面においても、「知性」と「理性」の二重構造を持っている。

広義における「知性的な実体」

だが、「知性」と「理性」、または「知性認識する」と「理性認識する」のような関連語は、常にこのように厳密に区別されて使われるとは限らないということにも注意する必要がある。「知性」とか「知性的」という語は、「理性」とか「理性的」という語と厳密に区別して使われる用法があるのみではなく、厳密に区別せずに、広い意味での知的な在り方全体を指す仕方で使われることも多い。たとえば、前掲の『対異教徒大全』から引用したテクストにおいて、「知性的な諸々の本性は他の本性よりも全体へのより大きな親近性を有している」と述べているとき、トマスは、理性的存在である人間を排除して、知性的存在である神と天使のことのみを考えているのではない。人間をも含めた知性的な諸実体が、自らの知性によって全存在を把握する限りにおいて、ある意味においてすべてのものであり、全体へのより大きな親近性を有しているとトマスは述べているのである。

理性的存在としての人間

神や天使のような永遠的存在ではない人間は、「知性」によってすべてを一挙に直観的に認識するようなことはできない。そうではなく、時間的世界のなかで、「理性」による考察を一歩一歩進めていくことによって、少しずつ認識を深めていく必要がある。

前掲の『対異教徒大全』のテクストにおいては、「知性的な諸々の本性〔狭義における知性的存在者と理性的存在者の双方を含む〕は他の本性よりも全体へのより大きな親近性を有している」と述べられていた。だが、理性的存在者である人間と知性的存在者である神や天使は、全体への大きな親近性を有しているという点では共通しているものの、そこには大きな違いもある。人間は、「理性的な」存在者であるから、目的としての全体性へと、認識行為の積み重ねによって時間的に一歩一歩進んでいくのである。

人間は、物事を直観的に把握する「知性的存在者」である「天使」や「神」との対比のなかで、「理性的存在者」と呼ばれている。「理性的」とは、人間理性にすぐに把握できることに自足してそれ以外のものを拒否するような態度なのではない。むしろ、多様な推論の積み重ねを通して全体的・総合的な理解へと到達しようと試み続ける自己超越的な在り方を意味している。「理性的」とは、自らの限界を充分に弁《わきま》えながらも、どこまでもあらゆる実在――それは人間理性を超えた神の神秘をも含む――に対して自らを知的に開いていこうとする根源的に開かれた態度を意味している。そして、そうした意味での理性的な態度こそが、トマス哲学を貫いている根本精神なのである。

三　「饒舌」と「沈黙」

驚異的な著作群

右に述べてきたような意味で、あらゆる実在に対して開かれた理性的精神の権化であるトマスは、四十九歳という比較的若い年齢で亡くなっているにもかかわらず、驚異的なほどに膨大な著作群を残している。日本語訳で全四十五巻にも及ぶ『神学大全』は、彼の全著作の七分の一程度にすぎない。

トマスの全著作は、(1)体系的著作、(2)討論集、(3)聖書註解、(4)アリストテレス註解、(5)その他の註解、(6)論争的著作、(7)その他に分けることができる。

まず体系的著作としては、主著である『神学大全』と『対異教徒大全』が挙げられる。また、「討論(disputatio《ディスプタチオー》)」は、中世大学の基本的な教育方法であり、討論集はその成果である。討論には、正規の授業の一環として開催される定期討論と、降誕祭および復活祭の前週に開催される公開の任意討論があった。後者においては、誰でも自由に問いを提起することができた。討論集は、討論の経過をありのままに記録したものではなく、討論の主催者である教授が一定の形式と作法に基づいて討論の後に編集し自らの作品として彫琢《ちょうたく》したものとなっている。具体的には、『定期討論集　真理について』『定期討論集　神の能力について』『定期討論集　悪について』『定期討論集　霊的被造物について』『定期討論集　霊魂について』『定期討論集　徳一般について』『定期討論集　受肉した御言葉の一致について』『任意討論集』などをトマスは残している。討論集は、トマスの知的成果の中心部分の一つと言える。

註解書

独自の体系的著作であり「主著」と見なされてきた『神学大全』と『対異教徒大全』と「討論集」のほかに、もう一つの主軸を為すのは、「註解書」である。トマスは、聖書のかなりの部分、そしてアリストテレスの著作の大半について詳細な註解書を残している。『神学大全』や『対異教徒大全』と比べると、これらの註解書についての研究はいまだ十分に進んではいない。だが、体系的著作や討論集を正確に読み解くためにも、註解書についての理解は不可欠である。というのも、『神学大全』や『定期討論集　真理について』におけるトマス独自の文脈において縦横に引用される聖書やアリストテレスの断片的な言葉を正確に理解するためには、聖書やアリストテレス自体の文脈において、トマスがそれらの言葉をどのように理解していたのかを、註解書のなかで確認する作業が必要になるからだ。

聖書註解は、旧約聖書に対する註解と新約聖書に対する註解という二つに、大きく分けることができる。旧約聖書の註解としては、『ヨブ記逐語註解』『詩篇註解』『イザヤ書註解』『エレミヤ書註解』がある。新約聖書の註解としては、『マタイ福音書註解』『ヨハネ福音書註解』『使徒パウロ書簡註解』『黄金連環(四福音書連続註解)』がある。

トマスによるアリストテレスの著作に対する註解書は膨大なものであり、以下のものが残されている。『命題論註解』『分析論後書註解』『自然学註解』『天体・宇宙論註解』『気象論註解』『霊魂論註解』『感覚と感覚されるものについて註解』『記憶と想起について註解』『形而上学註解』『ニコマコス倫理学註解』『政治学註解』。アリストテレスの『形而上学』や『ニコマコス倫理学』や『自然学』は大著であり、註解というものは、その性質上、註解される本文よりも長大になる傾向があるということを考えてみるだけでも、トマスの残した著作量がどれだけのものであるのか想像できよう。

トマスは、聖書とアリストテレス以外についても、かなりの量の註釈書を残している。まず、中世の大学で教科書として使われていたペトルス・ロンバルドゥス(一〇九五頃―一一六〇)の『命題集』についての註解がある。次に、ボエティウス(四八〇頃―五二四頃)の『三位一体論』の註解があり、これは、トマスの学問論として極めて重要なものである。トマスは「アリストテレス主義者」として語られることが多いが、プラトン主義的な傾向の強い『原因論』やディオニシウス・アレオパギタの『神名論』に対する註解も残されており、単純に「アリストテレス主義者」と規定することのできないトマスの多面性を知ることができる。

ディオニシウス・アレオパギタという名前は、中世哲学に触れたことのない読者にとっては、馴染みのないものであろう。だが、トマスの時代には大変な権威を持っていた人物だ。『神学大全』においても、アリストテレスやアウグスティヌスと並んで最も頻繁に引用される著者の一人である。この著者が中世において絶大な影響力を有していたのは、彼が使徒パウロの直弟子だと考えられていたからだ。新約聖書の「使徒言行録」の第十七章第三十四節に述べられている、使徒パウロの説教によって回心したアテネの評議会《アレオパゴス》の議員ディオニシウスと同一人物だと考えられていたのである。十九世紀後半の文献学の成果として、現在では、五世紀頃に活躍したシリアの修道士だと考えられており、「偽ディオニシウス」や「擬ディオニシウス」と呼ばれることが多い。形式的に言えば、彼はキリスト教神学と新プラトン主義を統合した人物であり、思想内容的に言えば、超越的な「一者」としての神の充溢する善性からの万物の発出と、万物とりわけ人間の神への還帰と一致、万物の階層秩序(ἱεραρχία《ヒエラルキア》, ordo《オルドー》)といった観点の提示がトマスに多大な影響を与えている。

論争的著作

トマスは、多くの論敵との論争に基づいた、いくつかの論争的著作も残している。まずは、新興のドミニコ会の活動に対する批判に答える著作として、『神の礼拝と修道生活を攻撃する者に対して』『霊的生活の完全性について』『人々が修道生活に入るのを妨げる者どもの有害なる教説を駁す』がある。また、ラテン・アヴェロエス派との論争に関わるものとして、『知性の単一性について――アヴェロエス派に対して』と『世界の永遠性について――つぶやく者どもに対して』がある。

トマスは、パリ大学において二度にわたって教授職を務めているが、第一回パリ時代(一二五六―五九)には、新興の托鉢修道会であるドミニコ会に属する人物が教授職につくことによって既得権益を脅かされると考えた既存の教授団との論戦に巻き込まれた。また、第二回パリ時代(一二六九―七二)には、第一回と同様のドミニコ会に対する批判のみではなく、保守的アウグスティヌス派とラテン・アヴェロエス派との論戦にも巻き込まれ、三方向に対する論戦を同時に戦わざるをえなかった。これらの論争的著作は、こうした論戦のなかから生まれた作品なのである。

小品

その他の著作としては、「小品(opusculum)《オプスクルム》」という言葉で一括してまとめられることの多い著作群がある。

まず、『存在するものと本質について』と『自然の諸原理について』は、キリスト教神学固有の問題ではなく、「存在」や「本質」や「自然」といった哲学の根本的な諸概念について分析した重要な小品である。未完の『神学綱要』は、キリスト教神学を簡潔に要約しようとした作品であり、『分離的実体について』は詳細な天使論である。また、『ギリシア人の誤謬を駁す』は、東方正教会の神学との対話・対決の試みである。他方、『使徒信条講話』『主の祈り講話』『天使祝詞講話』は、キリスト教の基本的な信条や祈りについての、簡潔な言葉で書かれた講話であり、トマス神学の入門として絶好のものでもある。キリスト教世界におけるユダヤ人の位置づけについて論じた『ブラバン公爵夫人宛書簡——ユダヤ人の統治について』という著作もある。ラテン語によるトマスの説教も残されているが、いまだ本格的な研究はほとんど行われていないというのが現状である。

著作の形式

著作の形式としては、小品の多くや『対異教徒大全』は論文形式で書かれているが、『神学大全』や多くの討論集は、文字通り討論形式で書かれている。これは、中世の大学において活発に行われた「討論(disputatio)」の形式を踏襲したものである。より詳細に言うと、特定の論題について、まずはいくつかの「異論」が列挙される。そして次に、その「異論」と対立する

「反対異論」がいくつか列挙される。その両者を踏まえたうえで、トマスによる問題の解決として「主文」が展開される。そして最後に、「異論」に対する解答が置かれる。この全体が一つの「項(articulus)《アルティクルス》」と呼ばれる。

「項」は孤立して存在するのではなく、常に他の「項」との有機的な連関のなかに置かれている。そして、いくつかの「項」がまとまって「問題(quaestio)《クワエスチオー》」という上位の単位を形成している。たとえば『神学大全』のなかには、哲学史上有名な神の存在証明が行われている項があり、「神は存在するか」と題されている。だが、この項は孤立してポツンと置かれているわけではない。この項の直前の項は「神が存在するということは論証可能であるか」と題されており、さらに前の項は「神が存在するということは自明的であるか」となっている。これら三つの項が組み合わさって、「神について、神は存在するか」という「問題」が形成されている。話はこれで終わりではない。「神について、神は存在するか」と題されたこの問題(第二問題)もまた、孤立して置かれてはいない。「神の単純性について」(第三問題)、「神の完全性について」(第四問題)、「神の善性について」(第六問題)、「神の無限性について」(第七問題)、「神の名について」(第十三問題)、「神の愛について」(第二十問題)、「神の至福について」(第二十六問題)といった仕方で第二問題から第二十六問題までがひとまとまりになって「神の本質」という問題群を形成しているのである。

そして、「神の本質」という問題群もまた孤立して置かれているわけではない。第二十七問題から第四十三問題にまで至る「三位一体論」という問題群、そして第四十四問題から第百十九問題にまで至る「創造論」という問題群とともに、『神学大全』第一部の「神論」を構成している。さらに言えば、「神論」もまた孤立して置かれているわけではない。第二部の「人間論」、第三部の「キリスト論」とともに『神学大全』という書物の全体を構成しているのである。

様々な討論集の場合には、『神学大全』とは異なり、「部(pars《パルス》)」に分かれることはなく、いくつかの「問題」が、『神学大全』ほどには緊密な相互のつながりなしに並べられている。それでも、関連する複数の「項」が緊密な結びつきを形成しながら一つの「問題」を構成するという仕組みには変わりがない。

どのような小さなテーマについて考察するさいにも、常により大きなテーマとのつながりを視野に入れて、いやもっと言えば常にこの世界全体とのつながりを視野に入れて考察しようとするトマスの姿勢がこのような問いの構成の仕方から読み取ることができるだろう。逆の角度から言えば、「神とは何か」「人間とは何か」「キリストとは何か」といった大きなテーマについて考察するさいに、一挙に全体を解決しようとするのではなく、いくつかの問題群へと問題を細分化し、一つ一つの問題の焦点を具体化し明確化することによって、取り組みやすくする。

そして、取り組みやすくなった一つ一つの問題の解決を積み重ねていくことによって、当初は漠然としていてどこから手を付ければいいか見えにくかったような大問題に対する解決が次第に見えてくるようになる。

こうした仕方で、神をも含めたこの世界の全体像を人間理性に可能な限り探求していこうとする方向性と、微細な論点に徹底的にこだわって細密に論じていこうという姿勢が、絶妙な仕方で両立しているところにトマスのテクストの魅力がある。

「典拠」の解釈への徹底的なこだわり

『神学大全』は、初学者のための入門書として執筆されている。そのため、他の討論集などと比べると、細かい論点に深入りすることが回避されている。「異論」の数は三個程度の極めて本質的なものに絞られている。また、「反対異論」はたいてい一つのみである。それに対して、他の討論集においては、「異論」の数は往々にして十を超え、「反対異論」も数個以上に及ぶ。我々は、一つの「項」を読むことによって、そのテーマに関するトマスの結論的な見解を知ることができるのみではなく、トマス自身のものとは異なる多様な見解に触れることもできる。トマス自身とは異なる仕方でその問題を考えるための手がかりをも、「異論」を含めたトマスのテクストから得ることができるのだ。

また、スコラ哲学に特徴的なのは、引用を多用することである。「異論」や「反対異論」は、たいてい聖書やアリストテレスやアウグスティヌスなどの権威ある著作からの引用を核として構成されている。「権威・典拠(auctoritas)」が大きな役割を果たしているのだ。そして、トマスの論述において、これらの「典拠」それ自体が批判の対象になることは基本的にない。また、トマスが「異論解答」において「異論」に答えるとき、「異論」の述べていることを全面的に否定することはまずない。そうではなく、「異論」の述べているもっともな点はもっともな点として認めたうえで、その不十分な点や一面的な点を補ったり修正したりしながら、よりバランスの取れた仕方で議論を提示し直している。そのさい、「典拠」の解釈が重要な役割を果たす。トマスは、「異論」とは異なる仕方で「典拠」を解釈し直すことによって、「典拠」の真意をより正確に読解し、そのことを通じて、問題になっている事柄それ自体をも正確に理解し直すことを試みているのである。

「註解書」の特徴

断片的な仕方で引用される「典拠」の意味を正確に解読するにあたって重要になってくるのが、トマスの著作群全体のなかでかなりの分量を占めている「註解書」である。トマスの註解書は、註解されるテクストそれ自体に密着した、極めて丁寧で密度の濃いものである。聖書やアリストテレスのテクストの解釈困難な部分に関しても、正面から取り組むことを回避したり、おざなりな解釈でごまかしたりすることなしに、淡々と、バランスの取れた解釈が驚くべき一貫性を保ちながら展開されている。

トマスは、当時のラテン・キリスト教世界の多くの知識人と同じように、ヘブライ語もギリシア語も読むことができず、旧約聖書も新約聖書もアリストテレスもすべてラテン語訳で読み、註解を加えている。だが、キリスト教神学と哲学の伝統の双方を熟知しているトマスが残した註解書には、ヘブライ語やギリシア語に堪能な現代の註釈者たちによる註解には見受けられないような洞察が数多く示されている。これは、哲学や神学における「読解力」とは何であるのかを我々にあらためて突きつける興味深い事実だと言えよう。

トマスの註解書の最大の特徴の一つは、その鮮やかな「区分(divisio)」である。トマスの註解は、単なる要約的な説明ではなく、註解されるテクストの一文一文の意味を丹念に読み解いて敷衍しながら説明していくタイプのものだ。それゆえ註解は、註解される聖書やアリストテレスのテクストの何倍もの長さになる。それもあって、トマスは、聖書やアリストテレスの一つの章をまとめて註釈することはなく、一つの章をいくつかの意味の単位に区分し、詳細な註解を展開している。その区分の仕方は極めて鮮やかなものであり、それぞれの章がどのような内的な構造と順序を有しているのかが、読者にありありと見えてくるように工夫されている。

トマスは、一つの章をいくつかの単位に分けるとともに、その分けられた単位のなかにおいて、テクストの一文一文がそれぞれどのような仕方で繋がっているのか、その論理的・意味的な結びつきを丁寧に分析している。聖書やアリストテレスのテクストを小さな単位に分け、その単位の有機的な繋がりのなかから魅力的な意味が立ち現れてくる現場に立ち会わせてくれるトマスの註解は、現代の聖書やアリストテレスの専門家による註解書に勝るとも劣らない魅力を有している。

体系的主著と註解書の相互関係

『対異教徒大全』や『神学大全』のようなトマスの体系的主著においては、引用される一つ一つのテクストに関して、必ずしも十分な紙幅を割いて解釈が行われているわけではない。また、引用はどうしても断片的になりがちなので、前後のコンテクストは捨象されがちである。だが、引用されている著作についてトマスが註解書を残している場合には、それを参照することによって、その引用文についてのトマスのより包括的な理解を知ることができる。それを知ることによって、短い引用に孕み込まれている奥行きを読み取ることができるようになる。

他方、聖書やアリストテレスについてのトマスの註解書は、あくまでも註解書である限りにおいて、トマス自身の見解を正面から打ち出した書物とは言えない。そのため、聖書やアリストテレスの一節をトマスが自らの独自な思想体系のなかにどのように消化吸収しているのか、どれだけその一節を重視しているのか否かといったことは、必ずしも明確には見えてこないという憾《うら》みがある。それらの一節が『対異教徒大全』や『神学大全』のような体系的主著において、トマス自身によって設定されたどのような文脈のなかでどのような仕方で引用されているか、またはいないか、ということに着目することによって、トマスがどのような仕方でどの部分に重み付けをしながら聖書やアリストテレスを読解していたかということが見えてくる。

現代の第一線の研究者で、聖書とアリストテレスの双方について優れた註解書を書く人物などいない。いや、聖書だけに限定しても、旧約聖書と新約聖書の双方について専門書を書ける人物は非常に少ない。新約聖書だけに限定しても、一人の専門家が優れた註解を書くことのできる部分など、その専門家が長年研究している一小部分にすぎない。事情はアリストテレス研究についても同様である。それをトマスは一人でこなしているのみではなく、註解書以外にも、より独創的な多数の著作群を残している。とりわけ晩年のトマスは、現代の研究者が読む速度よりも速い速度で書いていたと計算せざるをえないほどのアウトプットを残している。トマスの著作群は、西洋の偉大な哲学者たちのなかでも群を抜いて膨大であり、専門の研究者であっても、そのごく一部しか読んだことがないというのが実状だ。だが、これほどまでに饒舌なトマスには、それと一見相反するような、有名なエピソードがある。

晩年の沈黙

「レギナルドゥスよ、私にはできない。私が見、私に示されたことに比べると、私が書いたすべてのことは藁屑《わらくず》のように見えるのだ」。

主著となるはずの『神学大全』の完成が間際に迫っていた一二七三年一二月六日、トマスは、ミサのなかで一つの深い宗教的洞察を獲得し、以後、すべての著作活動を放棄した。僚友のレギナルドゥスから著作の続行を迫られたトマスは、このように語り、以後二度と筆を執ることはなかった。キリスト教神学の歴史のなかで最も著名な作品の一つである『神学大全』は、こうして永遠に未完の書物となった。

『神学大全』は、邦訳では四十五巻にも及ぶ大著であり、他のすべてのことをなげうって一週間で一冊を読むほどの速さで読み続けるとしても、読了まで一年近くかかるほどの分量である。多大な労力を費やして読み通しても、トマスが得た最終的な洞察がその中に含まれていないのだとすれば、結局は徒労ではないだろうか。そもそも、途中で著作を放棄せざるをえなくなるということは、トマスの構想自体に問題があったということを意味しているのではないだろうか。きちんと完結した神学書を読んだ方が、キリスト教神学の全体像についての適切な知見を得ることができるのではないだろうか。そんなふうに感じる読者もいるかもしれない。

だが、ここで視点を百八十度転換することはできないだろうか。トマスは『神学大全』の執筆に成功していたからこそ、沈黙に至ったのだと。くだんの神秘体験のなかでトマスに何が示されたのか、それは我々には分からない。だが、その宗教体験によって与えられた洞察が、『神学大全』に書かれてあるトマスの立場を根本的に否定するようなものであったならば、トマスは決して筆を折らなかったのではないだろうか。それまで書いてきた構想のとおりに書き進めるのでは書き尽くせないほどの新たなヴィジョンを、トマスは晩年の宗教体験のなかで獲得したのだが、それほどまでの深い宗教体験を得ることができたこと自体が、トマスのそれまでの神学探究の成果なのではないだろうか。世界の根源である神をふさわしい仕方で知り愛することを目的とした神学探求の道が進展するなかで、それまでの構想をそのまま続けていくことができなくなるような決定的に新たな神的ヴィジョンを受容するための準備態勢が、トマスの心のなかで着々と整えられていたのだ。

ここには、「書く」という営みに徹底的に習熟するなかで「書く」ことの彼方へと超え出ていった一人の偉大な著作者の姿がある。現在まで残っているトマスの自筆原稿は、ラテン語でしばしば littera《リテラ》 illegibilis《イレギビリス》 と形容される。「読解不能な文字」という意味だ。溢れ出てくる自らの思考の速度に、文字を書く速度がとうてい追いつかないが、それでも思考の流れを失わないように、読解不可能なほどに崩された文字で「書く」営みに従事し続けた一人の天才的な書き手の姿を、残された文字という形で我々は目のあたりにすることができる。

この世界の深層を確固とした仕方で認識していたからこそ驚くべき速度で書き続けていた神学者トマスが、より確固とした「神秘」の認識を思いがけぬ仕方で与えられたとき、その認識が決定的に確固としたものであったからこそ、書く営みを放棄して沈黙する。この晩年の沈黙がなかったとしたら、トマスという人物は、そして彼の残したテクストは、なんと平板なものになってしまうことだろう。晩年の沈黙を背景に置きながらトマスの残したテクストを読み直してみると、その一つひとつの言葉が、「沈黙」という神秘へと至る通路として言い知れぬ奥行きを与えるものとして感じ取られてくる。

このように、トマスという人物の魅力の一つは、「饒舌」と「沈黙」の大きな振れ幅を持っているところに見出される。トマスが残してくれた膨大なテクスト群を単なる「藁屑」としてしまうか否かは、ひとえに我々自身の読解力にかかっている。自らの語った言葉のすべてが「藁屑」と化してしまうところまで神の神秘を追い求め続けたトマスの残した言葉を深く解読し、そこから我々自身の知的探求にとって有意義な何かを読み取ることができれば、そうした仕方で我々の思索に糧と活力を与えてくれるトマスのテクストは、少なくとも我々にとっては「藁屑」ではないのだ(なお、この「晩年の沈黙」についての叙述は『文學界』二〇一七年二月号掲載の「トマス・アクィナスの「沈黙」」に加筆したものである)。

四　神秘と理性

理性の限界の強調

哲学・神学の力ある言葉を理性によって紡ぎ出すことの達人であったトマス。その彼に言葉を失わせるほどの衝撃を与えた出来事が具体的にどのようなものであったのか。確実なことを知るすべは我々には残されていない。確実なこととして言えるのは、晩年においてのみではなく、トマスという人物が常に「理性」を超えた「神秘」に直面しつつ思索を進めた人物であったという事実である。トマスは、『神学大全』第一部第四十六問題第二項において、「世界に始まりがあったということは信仰箇条であるか」という問いを立て、次のように答えている。

世界が常に存在していたのではないということは、信仰によってのみ主張されるのであって、論証的な仕方で証明されることはできないのであり、三位一体の神秘(mysterium Trinitatis)について既に述べられたのと同様である。〔……〕「世界に始まりがあった」ということは、信じられるべきことであって、論証されるべきことや知られるべきことではない。

世界に時間的な始まりがあったか否かという問題――前述の「世界の永遠性」に関わる論争的な問題――は、肯定的に答えるにせよ、否定的に答えるにせよ、人間の理性によって論証的な仕方で、明確な根拠を伴って証明することはできないたぐいの問題だとトマスは述べている。ここには、人間の理性の限界についての痛切な自覚が見出される。

「神秘」という語の意味

このテクストにおいて見逃してはならないのは、世界に始まりがあったか否かという問題と同様に「理性」では知り得ない事柄として言及されている「三位一体の神秘」という表現である。「神秘」にあたるラテン語は mysterium《ミステーリウム》という言葉だ。この語のトマスにおける基本的な意味は、デフェラリの『トマス語彙集』によると、「あまりに隠されているために理解することのできない神的な神秘」という意味である。頻出する用法としては、「キリストの神秘」「神的な神秘」「信仰の神秘」「受肉の神秘」「聖なる神秘」「三位一体の神秘」「恩寵の神秘」といったものがある。

この語に関するトマスの基本的な用法は、新約聖書に含まれているパウロの諸々の書簡における用法に由来する。たとえば、「ローマの信徒への手紙」の末尾の讃歌（第十六章第二十五―

二十七節）において、次のような用法が見出される。

わたしの福音、
イエス・キリストについての宣教によって、
すなわち、代々《よよ》にわたって隠され、
今や現された神秘の啓示によって——
永遠の神の命令に従い、
預言者たちの書き物を通して、
信仰による従順に至るように、
すべての異邦人に知らされた
この神秘の啓示によって——
あなた方を強めることのできる方、
知恵ある唯一の神に
イエス・キリストを通して
代々限りなく栄光がありますように。
アーメン。

「代々《よよ》にわたって隠され、今や現された神秘の啓示」という表現から読み取る必要があるのは、一見相反するところのある二点である。「神秘」は「隠された」ものであり、同時に、「啓示される」ものでもあるということだ。このテクストに対する註解のなかで、トマスは、「神秘の啓示」を、「隠された事柄の啓示」とも言い換えながら、次のように述べている。

人間たちのもとにおいては隠されていたが知恵ある神のみには知られていた神秘〔の啓示について このテクストは語っている〕。というのも、神のみがこの神秘を知っており、また、この神秘を啓《ひら》き示す（revelare《レヴェーラーレ》）ことを〔神が〕望んでいる人々を知っているからである。

（『ローマの信徒への手紙註解』第十六章第二講）

「神秘」とは、単に「不思議」ということでもなければ、理解を拒むものという意味でもない。不思議ではあっても、我々の人生においてさほど大きな意味を持たないものはいくらでもある。たとえば、優れた手品を見ると、我々は、大いに不思議さを感じるだろう。だが、それが自らの人生において決定的な意味を持つと考える人はあまりいないだろう。それはあくまでも娯楽である。また、いったん種明かしをされ、仕組みが分かってしまえば、手品師のパフォーマンスのよさに感嘆することはあるとしても、手品自体にはさほど不思議さを感じることもなくなってしまうだろう。また、いったん種が分かってしまえば、それ以上その手品に対して知的な興味が掻《か》き立てられることもないはずである。そもそも、手品の場合には、種明かしは、基本的に、してはならないものだ。種明かしをしてしまうと、意外性がなくなってしまい、手品という営み自体が成り立たなくなってしまうからである。

神の「神秘」とは、そのようなものではない。それは、たしかに、人間に対して隠されている。人間の理性だけでは知ることができないという意味において、「隠されたもの」だ。だが、手品師の場合とは異なり、この「隠されたもの」は、「隠されたもの」に留まるのではない。手品師の場合には、隠された種を開示することは、例外的なことであり、自らのアイデンティティを脅かすことにも繋がる。聴衆に対して種を教えることは、一見親切な行為に見えるかもしれないが、手品を楽しむ聴衆との長期的・持続的な信頼関係を脅かすことにも繋がりかねない。それに対して、神の隠された「神秘」は、啓《ひら》き示されることによって、その「神秘」に触れることのできた人々と神との新たな積極的な関係が築き上げられていくきっかけとなる。人間の理性の力のみでは到底知ることができず、神のみが知っている神秘を、神は人間と共有することを望み、そのことによって人間と神との新たな関係性が紡ぎ出されていくのだ。

しかも、「神秘」は開示されることによって「神秘」であることをやめてしまうのではない。

「神秘」を開示された人間は、その神秘が自らの生にとって有している意義を自らの「理性」が及ぶ限り探求していくように促されるが、だからといって、その「神秘」が「理性」によって理解し尽くされ汲《く》み尽くされてしまうことはない。「神秘」は、開示された後もあくまでも「神秘」であり続ける。手品の「不思議」の種が開示されてしまうと「不思議」ではなくなってしまうのとは対照的だ。そして、そうした「神秘」を決定的な仕方で人間に開示してくれた存在こそ、イエス・キリストにほかならないのである。

「理性」と「神秘」の積極的な相互関係

トマス哲学の魅力は、事柄を「理性」の力によって徹底的に浮き彫りにしていこうとする姿勢と、神によって啓示された「神秘」を手がかりにして探求を進めていこうとする姿勢が絶妙な仕方で共存しているところにある。「理性」と「神秘」は相対立するものではない。「神秘」に触れることによって「理性」がそれまでにはない仕方で開花し、「理性」に開示されることによって「神秘」が単なる不合理ではなく独自の論理と構造を有するものであることが明らかになっていく、という積極的な相互関係が実現している。

以下においては、トマス哲学の根本精神をこのような観点からより深く探求するために、古代ギリシア哲学以来、哲学の基本概念として受け継がれてきた「徳」という概念に着目しながら論述を進めていきたい。トマスの徳論の特徴は、古代ギリシアの哲学者アリストテレスによって体系化された徳論――とりわけその代表である「枢要徳」(賢慮・正義・勇気・節制)――を受け継ぎつつも、アリストテレスには存在しなかったキリスト教的な「神学的徳」(信仰・希望・愛)を最重要の徳としながら新たな仕方で徳論を体系化し直した点に見出すことができる。その意味において、徳論は、トマスにおいてキリスト教的な要素と哲学的な要素とが、どのような仕方で区別されつつ統合されているのかを分析するための最善の手がかりを与えてくれる。

あらかじめ大きな見通しを示しておくと、枢要徳は、人間を理性的存在として完成させる役割を果たす徳である。それに対して、神学的徳は、人間理性を超えた神の神秘へと的確な仕方で心を開かせていく徳である。理性を徹底的に重視する姿勢と、理性による把握を超えた神秘へと肉薄していこうという姿勢。この両者が、中途半端に混在したり妥協させられたりするのではなく、それぞれが徹底的に追求され、調和へともたらされているところにこそ、トマスの神学体系の魅力がある。「理性」と「神秘」とのこうした調和の果てに見出されるのは、人間存在の全面的肯定という極めて積極的なヴィジョンである。神の愛によって徹底的に肯定された人間が、自己自身を肯定し、同胞である他者をも愛のうちに肯定していく。そうした肯定の力という観点から、以下、徳論を通じてトマス神学の全体像を浮き彫りにしていきたい。まずは「枢要徳」の構造から見ていこう。

第二章　「徳」という「力」——「枢要徳」の構造

一　トマス人間論の中心概念としての「徳」

「旅人」としての人間

via《ヴィア》という言葉がある。「道」という意味の極めて平凡なラテン語の名詞である。だが、トマスのテクストにおいてこの言葉が使われるとき、この単語は一つのより特殊な意味を帯びてくる。「この世」とか「現世」という意味でviaという語が使われることがあるからだ。そのとき、この言葉は、patria《パトリア》という語との対において使われている。patriaという語も、極めて一般的なラテン語であり、「祖国」という意味である。だが、この言葉が「現世」という意味のviaと対で使われると、「天の祖国」すなわち「天国」を意味する。トマスにおいて、人間は、viaを経てpatriaに至るviator《ヴィアートル》（旅人）として捉えられているのだ。

この世という道を歩む人間は、多様な経験を経るなかで、人生という道を適切な仕方で歩み続けていくための様々な力を獲得することができる。だが、悪しきものの考え方や習慣を身につけてしまうと、道を歩み続けるための力が弱まってしまったり、道を少しずつ逸れて行き、行き止まりへとぶつかってしまったりすることもある。

「力」としての「徳」

「力」にあたるラテン語は virtus《ヴィルトゥース》 である。この語は、文脈に応じて、「力」と訳すこともできれば、「徳」と訳すこともできる。「徳」という言葉を聞くと、我々は、他者や社会から身につけることを求められる、半ば強制的で窮屈な「徳目」のようなものをイメージしがちだ。だが、トマスの言う「徳」とはそのようなものではない。それは、人間一人一人が手堅く前向きに生きていくことを支える内的な「力」のことなのである。徳とは、人間が自らの持って生まれた能力を十全に開花させて、この世界を可能な限り充実した仕方で生きることを可能にさせる「力」にほかならない。

トマス倫理学の根本概念としての徳

トマスは、「徳」を、「神学的徳」と「枢要徳」とに大別する。前者は神との関係のなかで成立する徳であり、後者は、自己自身または他者との関係のなかで成立する徳である。また、前者はキリスト教の伝統のなかで成立した徳であり、後者は、もともとはキリスト教とは関係のないもので、古代ギリシアとりわけアリストテレスに由来するものである。

トマスの徳論は、トマス人間論の中核を構成する要素であり、徳論を軸にすることによって、トマス人間論の全体像を手際よく分析することができる。

『神学大全』第二部の人間論は、第二部の第一部の「倫理学総論」と第二部の第二部の「倫理学各論」に大別されるが、各論の実に九割程度は徳論にあてられている。また、総論においても、その三分の一以上は、徳と悪徳についての考察にあてられている。徳についての考察は、トマス哲学のごく一部についての考察に留まるものではない。徳というトマス哲学の根本概念を軸にすることによって、我々は、トマスの全体像を浮き彫りにしていくことができるのだ。

「技術」と「徳」の類似性――「素早さ」「容易さ」「喜び」

我々は、生きていくなかで、様々な技術を身につけていく。親からピアノを習わされていた少年が、最初は嫌々ながらたどたどしくピアノを練習していたのに、時間がたつにつれて、少しずつピアノに習熟していく。そうすると、以前は苦痛でしかなかったピアノの演奏が、少しずつ楽しいものになっていく。

何らかの技術を身につけると、その技術に関わる事柄が素早く容易にできるようになり、かつ喜びを覚えるようになっていく、とトマスはアリストテレスが『ニコマコス倫理学』のなかで述べていることを受け継ぎながら指摘している。

この話は、楽器を弾くとか馬に乗るといったいわゆる「技術(ars《アルス》)」の話に尽きるのではない。アリストテレスにおいてもトマスにおいても、議論は、「徳」の話につながっていく。

健康診断を受けて様々な異常が見つかり、甘いものを控えなければならなくなった人が、家族の食べているケーキを横目で見ながら、自分も食べたくなってしまい、「今日だけは」と言い訳しながら自分も食べてしまう。そうすると、翌日も、今度は家族の食べているプリンを見やりつつ、やはり自分も食べたくなってしまい、再び「今日だけは」と言い訳しながら自分も食べてしまう。こうした仕方で、「今日だけは」を毎日繰り返してしまい、健康状態を加速度的に悪化させていってしまう。こうして「不節制」という「悪徳」が身についてしまう。

それに対して、家族の食べているケーキを横目で見て自分も食べたくなっても、欲望を抑え、食べるのを控えることができる場合、その人は、単にそのとき一度限り適切な選択肢を選ぶことができたというのみではない。節制ある行為をするということがどういうことであるのかが、ほんの少しではあるにしても体得されることによって、次にまた似た状況に直面したときに、再び節制ある選択肢を選びやすくなる何かが心のうちに形成されてくる。こうした節制ある行為を繰り返すことによって身についてくる「善い習慣」が、「節制」という徳である。

節制という「徳」とは、自らの欲望を安定した仕方でコントロールする「力」である。そして、節制という徳を身につけた人は、節制ある行為を行うことが素早く容易にできるようになっていくのみでなく、そのことに喜びを覚えるようになっていく。家族の食べているケーキやプリンを食べるのを控えることが苦痛であるどころか、むしろ、自らの健康状態にふさわしい適切な食生活を送ることができていることに喜びを覚えるようになっていくのだ。

「節制」について語られるこのような構造は、他の諸々の徳にも当てはまるものである。「節制」という具体例に触れることによって捉えることのできた徳についての基本的なイメージを軸にしながら、以下において、徳論の基本構造を見ていこう。

アリストテレスに由来する徳概念

「徳」という概念は、古代ギリシアの ἀρετή《アレテー》という語に由来するものである。アレテーという語は、「徳」と訳されることもあれば、「卓越性」とか「力量」と訳されることもある。この語は、何らかの事物が、その本来の機能を優れた仕方で遂行することができる状態へと高められていることを意味する。たとえば「馬のアレテー」は馬が速く走ることができる状態になっていることを意味し、「ナイフのアレテー」はナイフがよく切れる状態になっていることを意味する。それと同じように、人間一人一人もまた、「徳」という「力量」を身につけることによって、人間としてより充実した幸福な人生を送ることができるようになる。古代ギリシアの徳論を代表するアリストテレスは『ニコマコス倫理学』においてこのような論を展開している。
トマスの徳論は、その基本線においてアリストテレスが展開した徳論を受け継いでいる。「賢慮」「正義」「勇気」「節制」というアリストテレスが重視した四つの徳は、「枢要徳」という名のもとに、トマスの徳論においても中心的な役割を果たしている。

「理性」と「徳」――「枢要徳」の全体構造

このように、トマスの徳論はアリストテレスの深い影響下にある。だが、だからといってトマスの徳論に独自性がないわけではない。たとえば、アリストテレスは、なぜこの四つの徳がとりわけ重要な徳であるのかを明確な仕方で論理的に根拠づけることはしていないが、トマスは、独自の考察に基づいて枢要徳の全体構造を捉え直している。彼は次のように述べている。

『ニコマコス倫理学』第二巻〔第六章 1106a15-23〕におけるアリストテレスによると、「徳とはその所有者を善いものにし、その働きを善いものにするものである」。それゆえ、いま我々が論じている「人間の徳」は、人間を善いものにし、人間の働きを善いものにするものである。ところで、ディオニシウス『神名論』第四巻によると、人間の善とは理性に即していることである。それゆえ、人間の徳には、人間とその働きを理性に即したものにすることが属している。(II-II, q.123, a.1)

前述のように、アリストテレスにおいて、「徳」とは人間のみではなく、様々な事物について、そのものが優れた善い働きを為すことができる状態になっていることを意味する。トマスは、この引用文において、まずは徳という概念についてのこの基本的な語義を『ニコマコス倫理学』の引用を通じて確認するところから論述を始めている。そのうえで、人間の場合には、徳とは、「人間を善いものにし、人間の働きを善いものにするものである」と述べ、話を人間の徳に限定している。

そして、次に引用されているのはディオニシウスの『神名論』である。トマスは、「善」について語るさいに、しばしば、この「人間の善とは理性に即していることである」というディオニシウスの言葉を肯定的に引用しつつ、「善」と「理性」との深い結びつきを浮き彫りにしている。こうして、「徳」と「善」と「理性」という三者の深い結び付きが取り出されている。

このような仕方でトマスは、「徳」についてのアリストテレスの定義や、「善」と「理性」との関係についてのディオニシウスの見解に対する共鳴を表明しつつ、「徳」と「理性」との関係に関する自らの思考を次のような仕方で一歩先に展開させている。

このこと〔徳が、人間とその働きを理性に即したものにすること〕は、三通りの仕方で起こりうる。第一には、理性そのものが直《ただ》されることに基づいてであり、それは知性的徳によって為される。第二には、人間に関する事柄において理性の直しさ自体が確立されることに基づいてであり、これは正義に属する。第三には、人間に関する事柄において置かれるべきこの直しさを妨げるものが取り除かれることに基づいてである。ところが、人間の意志は、理性の直しさに従うことを二通りの仕方で妨げられる。一つの仕方では、何らかの快いものによって、理性の直しさが要求するのとは異なるものへと惹きつけられることによるものであり、このような妨げを節制という徳が取り除く。もう一つの仕方では、立ちはだかる何らかの困難ゆえに、理性に即したものから意志が押し戻されることによる。そしてこのような妨げを取り除くために精神の強さ・勇気が必要とされる。人間が身体的な強さによって物質的な妨げを乗り越え、退けるのと同じように、勇気によって前述の困難に抵抗するのである。それゆえ、人間を理性に即したものにする限りにおいて勇気が徳であることは明らかである。（同前）

「枢要徳」という用語はアリストテレスのテクストのうちには見出されないが、「賢慮」「正義」「勇気」「節制」という四つの徳を諸々の徳のなかでも重視する発想自体は、アリストテレスに由来するものである。だが、アリストテレス自身は、なぜこの四つの徳がとりわけ重視されるべきであるのかということに関する明確な根拠づけを与えてはいない。

トマスは、「枢要徳」が「賢慮」「正義」「勇気」「節制」の四つであることを、様々な箇所で様々な仕方で根拠づけようとしているが、このテクストにおいては、「人間とその働きを理性に即したものにする」という徳の基本機能に即しながら説明しようとしている。

「枢要徳」について的確に理解するための鍵は、そのなかに明確な序列を見て取ることにある。「枢要徳」とは、諸々の徳のなかでもとりわけ中心となる重要な徳であり、「賢慮」「正義」「勇気」「節制」という四つの徳が列挙されるのであるが、これら四つの徳は「枢要徳」として同列に並んでいるのではない。「枢要徳」のなかでの順序が存在する。これら諸徳についての的確な説明は、どの徳から始めても、為すことができるようなものではない。一定の順序・秩序(ordo)に即して進めていく必要があるのだ。

倫理的徳と知的徳

人間とその働きが理性に即したものになるためには、まずは、当然のことであるが、理性自体が健全な在り方をしていなければならない。曲がった定規を使って計測しても、その計測は適切なものではありえないように、基準となる理性自体が歪んだ在り方をしていたら、話は全く始まらない。だからこそトマスは、まず「理性そのものが直《ただ》されること」の必要性を述べている。ここで「正される」ではなく「直される」という漢字を使って訳したのは、原語のrectificare《レクティフィカーレ》という動詞が、「真っ直ぐにする」という基本的な意味を有しているからである。そしてトマスは、「理性そのものが直されること」は、「知的徳」によって為されると述べている。

「知的徳(virtus intellectualis《インテレークトゥアーリス》)」とは、人間の「知性」または「理性」を完成させる徳のことだ。徳を「知的徳」と「倫理的徳(virtus moralis《モーラーリス》)」とに大別する分類法はアリストテレスに由来するものだ。トマスは次のような仕方でこの区別を根拠づけている。

> 人間的徳は、善く行為することへ向けて人間を完成させる何らかの習慣である。ところが、人間のうちにある人間的行為の根源は、知性もしくは理性と、欲求能力との二つの他にはない。というのも、『霊魂論』第三巻(第十章 433a9, a21)において言われているように、これらが人間のうちにあって動かす二つのものだからである。それゆえ、それぞれの人間的徳は、これらの根源のうちのあるものを完成するものでなければならない。したがって、もしも人間の善い行為へ向けて思弁的もしくは実践的知性を完成するものであれば、それ

は知的徳であろう。これに対して、欲求的部分を完成するものであれば、倫理的徳であろう。それゆえ、あらゆる人間的徳は、知的徳であるか、倫理的徳であるかのいずれかである、との結論になる。(I-II, q.58, a.3)

比較的明快なテクストであるが、単純にまとめれば、「倫理的徳」とは、欲求能力を完成させる徳であり、「人柄に関わる徳」と訳すこともできる。それに対して、「知的徳」とは、知性もしくは理性を完成させる徳である。「賢慮」以外にも、「学知」や「知恵」が「知的徳」に属している。「学知」とは特定の領域に関する認識について知性を完成させる知的徳であり、他方、「知恵」とは、この世界の最高原因である神に関する認識について知性を完成させる知的徳である。非常に単純化して言うと、「知的徳」を有すると「頭のよい人」になり、「倫理的徳」を有すると「性格のよい人」になる。

賢慮

重要なのは、倫理的徳と知的徳とを区別することだけではない。むしろ、両者の繋がりを理解することが大切だ。たしかに、世の中を観察すると、「頭はよいが性格のよくない人」もいれば、「性格はよいが頭はよくない人」もいるように見受けられる。だが、厳密に考えれば、この両者を切り離すことはできないというのがトマスの見解だ。そして、両者の接点になるのが、知的徳でありながら倫理的徳を形成し発揮するさいに大きな役割を果たすとされる「賢慮(prudentia)《プルーデンティア》」である。

賢慮とは、今ここの具体的な状況や事柄の真相を適切に認識したうえで、為すべき善を的確に判断し、その判断を実践に移していく力である。そうした適切な判断力や実行力は、ある種の頭のよさであることは間違いないが、単なる頭のよさではない。バランスのよい人柄――すなわち諸々の倫理的徳――が伴っていてはじめて身につくものだ。そして反対に、こうした意味での賢さが伴っていてはじめて倫理的徳も身につく。じっさい、日本語で考えてみても、「性格の悪い知識人」というものは簡単に想像できるが、「性格の悪い賢者」という言い方には何か不自然なものを感じ取る人が多いであろう。そうした意味での人柄のよさ(倫理的徳)を不可欠の前提として伴っている意味での賢さが「賢慮」と呼ばれる知的徳なのであり、それは「理性そのものが直されることに基づいて」成立するとトマスは述べているのだ。

正義・勇気・節制

「賢慮」以外の残りの「枢要徳」はすべて「倫理的徳」である。そして、前掲の枢要徳の全体構造のテクストにおいて言及されている第二の枢要徳は「正義」であった。トマスは正義について主題的に論じている『神学大全』第二部の第二部第五十八問題第一項「正義とは何か」において、ローマ法以来の正義の定義を受容しつつ微妙に変容させながら、「正義はそれによってある人が不動かつ恒久的な意志をもって各人に彼の権利を帰属させるところの習慣である」と定義している。より嚙み砕いて言うと、正義とは、この世界において共に生きている他者たちの善を的確に配慮する意志の力である。自分自身にとっての善を実現することを意志することは誰にでも容易にできることだ。だが、自分とは異なる他者や自らが属する共同体全体の善をふさわしい仕方で配慮することは、必ずしも誰にでもできることではない。そのために必要とされるのが「正義」という徳なのである。「人間に関する事柄において理性の直しさ自体が確立される」とトマスが述べているのはそのような意味だ。

それに対して、「勇気」と「節制」という二つの徳の役割は補助的なものである。すなわち、「立ちはだかる何らかの困難ゆえに、理性に即したものから意志が押し戻されること」を防ぐのが「勇気」という徳の役割であり、「理性の直しさが要求するのとは異なるものへと惹きつけられること」を防ぐのが「節制」という徳の役割なのである。別の言い方で言えば、「勇気」とは困難に立ち向かう力であり、「節制」とは自分の欲望をコントロールする力である。これらの四つの徳が協働することによってこそ、人間は、理性と欲求を兼ね備えた存在としての確固とした自己を確立していくことができるのである。

二　「枢要徳」と「神学的徳」

トマス人間論の全体構造

「徳」概念がトマスの人間論においていかに中心的な位置づけを有しているかということは、トマスが人間論を最も体系的な仕方で展開している『神学大全』第二部の構造を瞥見すれば明らかである。

『神学大全』は、第一部の神論、第二部の人間論(倫理学)、第三部のキリスト論の全三部から構成されている。第二部の人間論は、第二部の第一部の「一般倫理(倫理学総論)」と第二部の第二部の「特殊倫理(倫理学各論)」に大別される。そして、「一般倫理」は、「究極目的と幸福」「人間の働き」「働きの根源・原理(principium《プリンキピウム》)」の三つに大別される。さらに、「人間の働き」は、「意志的行為」「行為の善悪」「感情」という三つの問題群に分かたれる。また、「働きの根源・原理」は、「習慣・徳・罪」「法」「恩寵」という三つの問題群に分かたれる。

「一般倫理」つまり倫理学総論のこのような全体構造から読み取ることができるのは、トマスの人間論・倫理学に対するアリストテレスの『ニコマコス倫理学』の影響の大きさである。アリストテレスが同書において提示している人間観は大枠において次のようなものである。すなわち、人間の行為には常に目的があり、小目的・大目的といった目的連関の果てに「究極目的」としての「幸福」がある。この「幸福」という「究極目的」は、単に遥か彼方の未来に存在するというのではなく、いまここにおける私の一つ一つの行為の選択が、「幸福」に導くか否かという観点から為されるという意味において、いまここにおける私の活動の一つ一つに究極的な意義を与えるものとなっている。

アリストテレスにおいて、「幸福」は「幸運」とは異なっている。「幸運」とは、単にたまたま偶然によい出来事が起こって、物事がうまくまわり、すべてが順調に進んでいくという意味である。他方、「幸福」は、人間が持っている能力が十全に開花することによって、人間として充実した活動が行えるようになることによって実現する。理性的存在である人間の有する諸能力の全体が高められ完成されることによって実現する人間存在全体の充実が「幸福」と呼ばれているものにほかならない。

そして、「徳」とは、このような意味で人間の能力が開花した状態へと高められていることを意味する。こうした「徳」は、よい習慣づけによって形成される。「徳」とは「善い習慣」なのである。他方、「悪しき習慣」は「悪徳」と呼ばれる。トマスは、アリストテレスによるこのような倫理学的基本概念を受け継ぎつつ、「習慣」「徳」「悪徳」を人間の働きの「内的根源」と呼んでいる。人間のうちにあって、人間の働きがそこから生まれてくるところの起源・

原理(principium《プリンキピウム》)という意味だ。

人間の働きの「根源」にはもう一つある。「外的根源」だ。トマスについての入門書や研究書を読むと、しばしば、人間の働きの「外的根源」は「法」と「恩寵」だと書かれているが、それは正確ではない。トマスによると、人間の働きの「外的根源」は「神」と「悪魔」である。そして、「神」は「法」――永遠法・自然法・人定法・神法――によって教え、「恩寵」によって助ける。「法」や「恩寵」は、人間の働きの「外的根源」そのものではなく、むしろ、「外的根源」である神によって人間に与えられるものなのだ。

第二部の第一部の「一般倫理」のこのような全体構造を瞥見すると、「徳」は確かに重要な概念ではあるが、人間論のごく一部を占めるものにすぎないという印象を持つ読者もいるかもしれない。だが、第二部の第二部の「特殊倫理」の構造を眺めると、その印象は一変する。この「特殊倫理」は、「一般倫理」の中で述べられた重要概念をより詳しく説明し直すものである。また、その末尾の部分は、特別な職務を担っている人々(預言者・修道者など)に固有の活動についてより個別具体的な仕方で論じるものとなっている。

第二部の第二部は五つの問題群に大別される。「神学的徳」「枢要徳」「特別の恩寵」「観想的生活と実践的生活」「司牧者の身分と修道者の身分」である。これだけ見ると、「徳」の占めるウェイトは、第二部の第一部よりは大きくなっているものの、たかだか三、四割程度にすぎないというように見えるかもしれない。だが、そうではない。第二部の第二部は全部で百八十九の問題から構成されているが、そのうち、第一問題から第四十六問題までを「神学的徳」についての論述が占め、第四十七問題から実に第百七十問題までが「枢要徳」についての論述に割かれている。第二部の第二部全体の九割程度が「徳」についての論述になっているのだ。また、実は、第二部の第一部の後半においてかなりの紙幅が割かれている法論においても、法が存在する中心的な目的は、人間を徳へと導くことだとされているのである。

キリスト教固有の「神学的徳」

トマスの徳論を構成している中核的な要素は、「枢要徳」のみではない。古代ギリシアに由来する「枢要徳」のみではなく、キリスト教固有の「神学的徳」――信仰・希望・愛――をトマスは付け加えているからだ。いや、「付け加えている」という言い方は正確ではない。トマスがその徳論を最も体系的な仕方で展開している『神学大全』第二部の第二部においては、その出発点にあたる部分が神学的徳に割かれており、それから「枢要徳」へと話が進められていくという順序が採用されている。トマスはアリストテレス的な枠組みのなかにキリスト教の教えを取り込もうとしているのではない。むしろ、キリスト教とは直接関係のない知の伝統――古代ギリシアの哲学の伝統――からも優れた概念や考え方を取り入れることによって、キリスト教神学を新たな観点から再構築しようとしているのである。

既に述べたように、枢要徳に関するトマスの議論において最も頻繁に引用されているのはアリストテレスの『ニコマコス倫理学』である。トマスは、様々な仕方で、アリストテレスが『ニコマコス倫理学』で述べている賢慮・正義・勇気・節制に関する考察を受け継ぎつつ、難解な点に註釈を加え、足りない部分を補っている。

だが、トマスは単にアリストテレスの徳理論を発展的に継承しているのみではない。古代ギリシアに由来するアリストテレスの徳理論を、キリスト教神学的な文脈のなかに置き直すことによって、アリストテレス自身とはかなり異なった独自の徳理論をトマスは構築している。

徳の問題は、現代においては、倫理学の問題として取り扱われることが多い。そして、トマスの徳概念を援用しながら、現代における徳倫理学の可能性が論じられるさいには、神学的徳は、神学固有の問題として、倫理学の領域からは排除されることもしばしばある。トマスの時代とは異なりキリスト教が社会全体の前提になっているわけではない現代世界において、トマスの議論を少しでも多くの人に対して説得力のある仕方で提示し直すためには、そういったやり方も、一つの選択肢としてありうるかもしれない。

だが、本書においてはそのようなやり方は採用しない。七百年以上前の人物であるトマスの残したテクストに「現代的意義」があるとすれば、それは、現代にも通用しやすい角度から、すなわち現代的な観点から都合のいい箇所を恣意的に選別してトマスの残した言葉を読むことによって見出されるのではなく、トマスにとって何が問題であったのかという観点から、残されたテクストの全体を丁寧に読み解くことによって初めて見出されるからだ。現代では論じられることの少ない問題を、現代とは異なる角度から取り上げているトマスのテクストにありのままに密着することによって、我々は、現代では当たり前だと思っている物事を捉える観点を相対化する新たな視点を獲得できる。「現代」を問い直すための、現代におけるものの考え方の基本的な枠組みを突き放して捉え直すための一つの拠点を獲得すること。トマスを読むことに「現代的意義」があるとすれば、むしろそのようなところにこそ見出すことができるのだ。

三　「徳」と「善」

「善」の多様性

既に述べたように、「徳」という概念は、「善」という概念と密接な繋がりを有している。「善」とか「善いもの」という言葉を聞くと、何か特別なものという印象を受けるかもしれないが、そんなことはない。我々の生は常に既に無数の「善いもの」に取り囲まれ、それらに支えられることによって可能になっている。朝目覚め、暖かな太陽の光に照らされながら、ふと深呼吸する。そのとき我々は、「光」と「熱」という「善いもの」に取り囲まれながら、「空気」という「善いもの」を体に取り込んでいる。そもそも、そうした仕方で目覚めることができたこと自体、「ベッド」という「善いもの」に支えられてのことであった。

諸々の善いものに取り囲まれることによってはじめてその存在が成り立つという構造は、人間にのみ当てはまることではない。植物は、光や熱や空気といった善いものに支えられてはじめて存在し続けることができる。諸動物は、これらに加えて、食べ物という善いものに支えられている。食べ物なしには存在し続けることのできない動物は、食べ物なしにも存在し続けることのできる植物と比べて一つの弱さを抱え込んでいるとも言えるが、他方、植物が触れることのできないより豊かな善に触れることが動物には可能になっていると言うこともできる。

動物のなかでも、「理性的動物(animal《アニマル》 rationale《ラチオーナーレ》)」である人間には、より豊かな善の次元が開かれている。人間は、感覚的な善のみではなく理性的な善にも触れることができるからだ。理性的な善とは、「真理を認識すること」や「正義を実現すること」のように、理性があってはじめて可能になる善のことである。また、感覚的な善に関しても、人間は、理性を有していることによって、他の諸動物よりも豊かな接し方が可能になっている。食べ物の摂取に関して、人間が、種類に関しても食べ方に関しても、どれだけ豊かな在り方が可能になっているかを思い浮かべてみれば、そのことは自明だろう。

「善」の可変性

何を「善」とみなすかは、人によって異なる。それだけではなく、同じ人であっても、時の経過とともに変化していく。たとえば、クラシック音楽を聴いても退屈しか感じなかった少年が、大人になる過程で様々な機会にクラシックに触れる時間を持っていくなかで、優れた演奏と凡庸な演奏を聴き分ける耳が少しずつ育ってきて、様々な演奏に触れるのが楽しくてたまらなくなってきたとしよう。少年の彼にとっては「善」ではなかったクラシック音楽が、大人になるにつれて、「善」として立ち現れるようになってきたということになる。

言うまでもなく、このような「善」の可変性は、クラシック音楽についてのみではなく、あらゆるものに当てはまる。食べ物であれ、絵画であれ、人物であれ、以前は何の魅力も感じなかったものに強い魅力を感じ取るようになっていくといったことは、一人一人の人生において実に様々な仕方で日々起こっていることだ。このような事実は、「善」というものが人によって異なる、そして同じ人でも時と場合によって異なる相対的なものであることを意味しているのだろうか。

「善」の不可避性

クラシック音楽の事例において、少年は、クラシック音楽のことを退屈に感じようと意志しているのでもなければ、退屈に感じるという選択肢を選んでいるのでもない。彼にはその音楽はどうしても退屈に「感じられてしまう」のだ。

その少年が大人になる過程でクラシック音楽を聴く耳を身につけていき、子供のときに退屈を感じた同じクラシックのCDをふと聴いてみたところ、大きな感銘を受けたとする。そのとき彼は、「退屈を感じるのではなく感銘を受けよう」などと考えて、感銘を受けるわけではない。大人になった彼には、その音楽はどうしても魅力的なものに「感じられてしまう」のだ。

何かを気に入るか気に入らないか、何かに魅力を感じるか感じないか、それは我々の選択の対象になることではない。何かに魅力を感じ、好感を抱くことを、トマスは「愛(amor《アモル》)」と呼ぶ。愛は「情念(感情)」の一つであるが、「情念」はラテン語ではpassio《パッシオー》という単語であり、passioは「受動」と訳すこともできる。「情念」と「受動」は、日本語だと全く違う概念だという印象を与えるが、ラテン語では一つの概念となっている。それは、「情念」は「受動的」な仕方で生まれてくるものだと考えられているからである。

我々は、恐れようと思って恐れたりはしない。そうではなく、三十分後に大津波が到来するという警報を耳にして、自身や愛する人の生命や財産が失われてしまうのではないかという

「恐れ」が自ずと生まれてくる。外界の出来事の影響を「受動」することによって、「恐れ」という「情念」を否応なく抱かされるのだ。

このような情念の受動性は、「恐れ」のような、人が抱きたくない情念の場合のみに当てはまるのではない。「喜び」のように、人が抱くことを望む情念の場合であっても事態は同様である。我々は喜ぼうと思って喜ぶことはできない。仕事がうまくいかず鬱屈した気分で道を歩いていたところ、ふと旧友と出くわし、再会に「喜び」という情念を抱くというように、喜びの場合にも、外界の出来事の影響を「受動」することによって、「喜び」という「情念」が生まれてくる。

そして、トマスによると、あらゆる情念の根底には「愛」がある。我々がなぜ津波警報を聞いて恐れるのかと言えば、自身や家族・友人の生命を愛しているからだ。旧友と再会してなぜ喜ぶのかと言えば、その旧友を愛しているからである。配偶者が亡くなってなぜ悲しむのかと言えば、その配偶者を愛しているからだ。同様のことは、他の情念についても当てはまる。

それでは愛とはどのような情念なのだろうか。トマスは、愛のことを、「善が気に入ること(complacentia《コンプラケンティア》 boni《ボニ》)」とか「欲求されうるものが気に入ること(complacentia appetibilis《アペティビリス》)」と定義している。日本語で「愛」と言うと恋人や親子などの特別に濃厚な関係のみに使われるという印象があるかもしれないが、トマスの述べる愛とはそのように特別な場面においてのみ用いられるものではない。「ミカンを愛する」「散歩を愛する」「漱石を愛する」といったように、あらゆる対象に関して、それが気に入ることを「愛」という言葉で指すことができる。

　このとき、気をつけなければならないのは、「気に入る」ということは、気に入ろうと思って気に入るのではないということである。そうではなく、何ものかが魅力的なものとして私に現れてきてしまう、気に入ってしまう、と記述するのがよりふさわしい。「気に入る」か「気に入らない」かを私が意図的に選択しているのではなく、そのものと私との相性に応じて、自ずと「気に入る」か「気に入らない」かが決まってしまう。この世界の様々なものは、いわば不可避な仕方で否応なく、善いものとして、魅力的なものとして、または悪しきものとして、魅力的ではないものとして、我々の心に立ち現れてくるのである。

世界の欲求可能性

「欲求されうるものが気に入ること」という愛の定義は、単純に見えるかもしれないが、一見そう見えるよりも、はるかに奥深い定義になっている。この定義を正確に読み取るための鍵は、「欲求されうるもの(appetibile《アペティビレ》)」という語の含意を正確に理解することのうちにある。appetibile は、「欲求する」を意味する appetere《アペテレ》という動詞に、可能と受動を意味する bile という語尾が付されて成立した言葉である。トマスによると、それぞれのものには、それぞれのものに固有の「欲求される可能性」がある。たとえば、キャベツには、「(人間によって食料として)欲求される可能性」があるが、石には、「(人間によって食料として)欲求される可能性」は存しない。また、創造主であり、無限な存在である神は、人間の心を究極的に満たすものとして、無限に「欲求される可能性」を有している。

この「欲求されうるもの」という微妙な表現が含意しているものはとても大きい。というのも、私によって現に今欲求されているのか否か、またはこれまで欲求されてきたか否かということとは区別されうる仕方で、事物自体の側に、そして事物の総体としての世界自体の側に、客観的な仕方で、欲求される可能性が存在しているという特異な考え方がそこには表現されているからだ。

この世界に存在するそれぞれのものは、それぞれなりの「欲求可能性(欲求されうる可能性)」を有するという言い方もできる。何を欲求するのかということは、一人一人の好みや主観によるものだという通念があるかもしれないが、欲求というものはそのような恣意的なものに尽きるのではないという発想がここにはある。これは、世界と欲求との関係に関する客観的な秩序の存在を強調する捉え方と言えよう。だが、だからといって、この世界に存在するそれぞれのものは、誰の精神に対しても同じ程度に欲求されうるものとして現れてくるのではない。

我々の置かれているこの世界の只中には、我々の欲求を触発する様々な可能性が埋もれている。そのなかには、既に顕在化している可能性と、いまだ顕在化していない可能性がある。顕在化しているものの、実は真に価値のあるものではない見かけの可能性にすぎないものもある。我々の一人一人が自己の精神の姿勢を変容させることで、この世界のなかに存在するそれぞれのものがどのような魅力を伴って（または伴わずに）現象してくるかが変化していくのだ。

味覚と情動

欲求の構造に関するこうした教説を展開するにあたってトマスが頻繁に持ち出してくるのは、アリストテレス『ニコマコス倫理学』に由来する「味覚」の例である。トマスは、『神学大全』第二部の第一部第一問題第七項において「すべての人に一つの究極目的があるか」という問いを立て、次のように述べている。

甘いものはすべての味覚にとって快適である。だが、ある人たちにとってはワインの甘さが、ある人たちにとっては蜜の甘さまたはなにかそういったものの甘さが快適である。だが、最善の味覚を有する人が最高度に快適さを感じるものが、端的に最も快適なものであるのでなければならない。同様に、よく整えられた情動（affectus《アフェクトゥス》）を有する人が究極目的として欲求する善が最も完全なものであるのでなければならない。

このテクストは、一言で言うと、「最善の味覚を有する人」の在り方を手がかりにしながら、「よく整えられた情動を有する人」の在り方を浮き彫りにしようとするものである。注目する必要があるのは、味覚の相対性と非相対性の双方が凝縮して語られている点だ。

味覚の相対性については、さほど説明は必要ではないだろう。ワインの甘さを快適に感じる人もいれば、蜜の甘さを快適に感じる人もいる。ワインの甘さを快適に感じる人のなかでも、どういった種類のワインを好むかは千差万別であろう。

だが、話はそれで終わりではない。「最善の味覚を有する人が最高度に快適さを感じるものが、端的に最も快適なものであるのでなければならない」。トマスのこの言明は、一見奇妙な印象を与えるかもしれない。「最善の味覚を有する人」など、一体どこに存在するのかという疑問を多くの人が抱くであろう。

ところが、もう少し考えてみると、実は、我々はそういった「最善の味覚を有する人」の存在を自然に認めていることに気づく。たとえば、我々は、ソムリエという職業の存在を認めている。ワインの好みは様々とはいえ、一定の訓練を積んでいくと、どれがよいワインでどれはさほどよいワインではないということが味わい分けられるようになっていく。ワインの善し悪しについての評価が一定の方向に収斂していくということが、ソムリエという職業という仕方で社会的に制度化されているのである。

このような話はソムリエのみに当てはまるのでもなければ、味覚という一領域のみに限定された話でもない。絵画や音楽の鑑賞などについても事情は同様である。抽象的な線と色のみで構成された現代絵画を見て、最初はどれからも感銘を受けなかった少年が、多くの作品に触れたり、現代美術の解説書を読んだりしていくなかで、少しずつ見る眼が育ってきて、真に優れた抽象絵画から受ける感銘と凡庸な作品から受ける印象とを明確に腑分けできるようになる。最終的にすべての鑑賞者の評価が同一になるわけではないとしても、だからといって完全に相対的なのではなく、それぞれの分野に馴染み習熟していくことによって収斂していく善し悪しの評価の方向性というものがある。誰であれ、時間をかけて訓練を積み重ねていくことによって、様々な分野での見る目や聴く耳を育てていくことができるのだ。

「よく整えられた情動を有する人」

前掲のテクストにおいてトマスが主張しているのは、こうした在り方が、人生の一部のみではなく、人生全体に関しても存在するという見解だ。いわば、人生全体についての目利き――人生の究極目的をよく見分けることができる人――が存在するとトマスは述べているのである。それでは、人生の究極目的を適切に見分けることができる人とはどのような人であろうか。前掲のテクストにおいては、「よく整えられた情動を有する人」と述べられているが、「よく整えられた情動を有する人」とは、別の言葉で言えば、徳を有する人にほかならない。徳は、人間の情動――意志と欲求――を整え、究極目的を的確に見る眼を与えるものとして語り出されている。徳は単に我々の一つ一つの行為を善いものにするものにすぎないのではない。この世界の我々への現れ方自体を変容させる力を、徳は有しているのである。

我々は、往々にして、道徳や倫理というものを、我々の自由を縛る拘束具のようなものとして捉えがちではないだろうか。道徳だとか倫理だとかいうようなものさえなければ、こんなこともあんなこともできるのにと。トマスが述べていることは、まさにその正反対のことだ。徳を身につけることによって我々は、この世界を眺める視野の狭さや歪みから解放されていくことができるのである。以下において、「節制」という徳の構造を分析することによって、そのことをより具体的に見ていきたい。

四 「節制」と「抑制」――徳の喜び

欲望すべきものを欲望すること

「節制」という言葉を聞くと、嫌々ながら欲望を我慢するというイメージを抱く人が多いかもしれない。だが、トマスによると、それは「節制《テンペランティア》(temperantia)」ではない。嫌々ながら何らかの欲望を我慢するのは「抑制《コンティネンティア》(continentia)」と呼ばれる在り方である。

それに対して、節制という徳を有する人物の特徴は、バランスよく欲望をコントロールすることに喜びを感じるところにある。そのようなことが可能になっているのは、節制ある人においては、欲望すべきものを欲望するという積極的な在り方が実現しているからだ。「節制」という徳の本質は、やりたいことを我慢するという点にあるのではなく、真に欲望すべきものへと自らのエネルギーを方向づけていくこと、別の言葉で言えば、欲望自体をよい方向へと変容させていく点にこそあるのである。

節制に対立する悪徳(1)――無感覚

「節制」という徳を理解するためには、関連するいくつかの概念と比較する必要がある。それは、「無感覚《インセンシビリタース》(insensibilitas)」「不節制《インテンペランティア》(intemperantia)」「抑制」「無抑制《インコンティネンティア》(incontinentia)」という諸概念である。

まず、「無感覚」と「不節制」は、正面から「節制」に対立する悪徳であり、「節制」は「無感覚」と「不節制」の中庸とされる。トマスによると、「自然の秩序」に反するものはすべて悪徳的なものである。そして、自然は、人生に必要な諸々の活動には「喜び(快楽)」が伴ってくるように定めている。自然の秩序は、個体の保存に関してであれ、種の保存に関してであれ、人間の充実した生活に必要な限りにおいて、快楽——飲食や性の喜び——を使用することを要求する。それゆえ、自然の保存のために必要な事柄を放置するほどまでに喜びを避けるとしたならば、自然の秩序に反する者として罪を犯しているのであり、それが「無感覚」という悪徳にほかならない(II-II, q.142, a.1)。

キリスト教という宗教は人間に対して禁欲を求めるものだという印象を持っている読者が多いかもしれない。だが、必ずしもそうではないということが、トマスのこのような論述から読み取ることができる。快楽に対して過度に無関心であったり抑圧的であったりすることは、美徳であるどころか、「自然の秩序」に反した悪徳だと明確に指摘されているのである。

節制に対立する悪徳(2)——不節制

不節制という悪徳に対するトマスの評価はとても厳しいものだ。トマスによると、不節制は幼稚な悪徳であり、「勇気」と対立する「臆病」よりもはるかに大きな悪徳であり、最も非難されるべき奴隷的な悪徳である。不節制が子供じみた幼稚な悪徳と言われるのは、それが「欲望の過剰」に基づいており、三つの点で子供に似ているからである。第一に、子供も欲望も理性の秩序づけに従わずに醜いものを追い求める。第二に、子供が好き放題なままに放任されるとわがままが増長していくように、欲望も満足させるとより強くなっていく。第三に、矯正法についても類似している。子供が教育者の命令によって矯正されるように、欲望も理性の命令に基づいて初めて節度づけられうる(II-II, q.142, a.2)。

次にトマスが指摘しているのは、他の悪徳と不節制との比較であり、「臆病」との比較が興味深い。トマスによると、臆病という悪徳は、死の危険から逃れようとするものである。死の危険は、人間の最も基本的な自然本性に根ざしたものであり、それに打ち勝つことは、食物や性における快楽への欲望に打ち勝つことよりも困難なことである。こうして、より弱いものにも屈してしまう不節制は、より強く困難なものに屈してしまう臆病よりもより大きな人柄の弱さを示しており、その意味においてより大きな悪徳なのだ。また、人が恐怖のゆえに行ってしまう事柄は外的な状況による強制にその始まりを有しており、自分の意志による側面と自分の意志によらない側面の入り交じったものである。それに対して、快楽ゆえに行われる事柄は無条件に意志的なものである。そして、人間の犯す悪しき行いは、より意志的で自発的であればあるほど罪が重い。それゆえ、不節制は臆病よりも大きな悪徳なのだ(II-II, q.142, a.3)。

さらに、不節制は、最大限に非難さるべきものだともトマスは指摘している。殺人や神への冒瀆など、より重い罪は存在する。ところが、不節制は、醜悪さやみっともなさにおいて際立っており、その意味で最大限に非難さるべきものなのだ。不節制は、人間と獣とに共通の快楽に関わっている限りにおいて、最大限に人間の卓越性に反する。そうした乱れた快楽のうちには、徳の輝きや美しさの全体を成立させる理性の光が輝き出ることがほとんどないのである。

だが大半の人々は、こうした極端な在り方をしているわけではない。「無感覚」でも「不節制」でもなく、もう少し微妙なところで葛藤しているのが通常の在り方だ。トマスは、アリストテレスの用語を受け継ぎつつ、こうした在り方を「抑制」および「無抑制」と名づけている。

「節制」と「抑制」

日本語の文字面のみでは、「節制」と「抑制」という二つの概念を区別することは困難かもしれない。一言で言うと、両概念の決定的な相違は、葛藤の有無にある。「抑制」においては「理性」と「感覚的欲求」との葛藤があるのに対して、「節制」においては両者の葛藤がない。「抑制」は「節制」に対して、不完全なものが完全なものに対するような関係にある。それは単なる程度の違いではない。そこには明確な構造の相違がある。トマスは、『神学大全』第二部の第二部第百五十五問題第三項において、「抑制の基体は欲望的欲求能力であるか」という問いを立て、次のように述べている。

何らかの基体(subiectum《スブイエクトゥム》)のうちに存在するそれぞれの徳は、その基体を、反対の悪徳の基体となっている時とは異なった在り方(dispositio《ディスポジチオー》)にする。ところで、欲望的欲求能力(concupiscibilis《コンクピースキビリス》)は、抑制ある人においてと、無抑制の人においてと、同じ在り方をしている。というのも、どちらにおいても、欲望的欲求能力は悪しく激しい欲望(concupiscentia《コンクピースケンティア》)へと突進していくからである。それゆえ、抑制は欲望的欲求能力のうちに、それを基体として存在しているのではないということは明白である。

まずは、いくつかの用語を説明しよう。「基体」という語は、語源的には、「下に投げられてあるもの」を意味する。そこから転じて、哲学の用語として、「何らかの性質を担っているもの」「何らかの性質の基盤にあるもの」を意味する。たとえば、「茶色い机」において、「机」は「茶色」という性質の基体である。また、「硬い石」において、「硬さ」の基体は「石」だということになる。それゆえ、トマスの問いの趣旨は、人間精神の諸能力のうちで、「抑制」という性質を担っているのは、「欲望的欲求能力」であるのかということになる。

人間精神の諸能力

この問いの含意を正確に理解するためには、トマスが人間精神の諸能力をどのように分類しているのかをおさえておく必要がある。トマスは、人間精神が有している諸々の能力を、大きく「把捉力」と「欲求力」に分けている。「把捉力」とは、認識力のことであり、さらに「理性」と「感覚」に細分化される。他方、「欲求力」とは欲求する力のことである。そして、「把捉力」の細分化に対応しつつ、「欲求力」は「理性的欲求能力」と「感覚的欲求能力」に分かたれる。「感覚的欲求能力」は、五官に基づいた欲求であり、人間と諸動物に共通のものである。他方、「理性的欲求能力」は「理性」を有する人間に固有の欲求であり、真理を認識したいとか社会に正義を実現したいというような「理性」ゆえに生まれてくる事柄に関わる欲求である。「理性的欲求能力」は「意志(voluntas《ヴォルンタース》)」とも呼ばれる。

「感覚的欲求能力」は、さらに、「欲望的欲求能力」と「気概的欲求能力(irascibilis《イーラースキビリス》)」に細分化される。前者は、「それによって魂が感覚に基づいて適合的なものを追求して有害なものから逃れるように端的に傾向づけられているところの欲求能力(appetitiva potentia)」である。それに対して後者は、「適合的なものを攻撃したり害をもたらしたりする敵対的なものに、それによって動物が抵抗するところの欲求能力」である。それゆえ、気概的欲求能力は、困難なものを対象とする。というのも、それは反対対立するものを克服してその上に出ようとするものだからである。それゆえ、気概的欲求能力は欲望的欲求能力の庇護者であり防衛者であると言われる(I, q.81, a.2)。基本的な存在保持の欲求である「欲望的欲求能力」を前提にしたうえで、それが困難に直面したときに、「欲望的欲求能力」の活動をサポートするために発動してくるのが「気概的欲求能力」なのである。

欲求能力の自律性

人間精神の諸能力についてのこのような基本構造を踏まえると、前掲のテクストを正確に理解できるようになる。このテクストにおいて「欲望」と言われているものは、「欲望的欲求能力」とは違う。「欲望的欲求能力」は「欲望」を持つための前提条件であるが、「欲望」そのものではない。人間であれば誰でも常に「欲望的欲求能力」を有しているという点においては変わりはないが、具体的にどのような「欲望」を有しているのかという点に関しては千差万別だ。ステーキを食べたいという「欲望」を有している人もいれば、刺し身を食べたいという「欲望」を有している人もいるし、同じ人でも、時と場合に応じて異なった「欲望」を発動させている。「欲望」は状況に応じて生まれては消えていく一時的なものだが、「欲望」を抱く基盤にある「欲望的欲求能力」は、生きている限り常に存在している。

そして、欲望には、善い欲望と悪い欲望がある。欲望は「情念(passio《パッシオー》)」の一つであり、「愛」「憎しみ」「喜び」「悲しみ」などの他の諸情念と同じように、「善い欲望」もあれば「悪い欲望」もある。トマスによると、ある情念が善い情念になるのは、その情念が「理性によって節度づけられている」場合である。他方、ある情念が悪い情念になるのは、その情念が「理性の節度づけから外れている」場合である(I-II, q.24, a.2)。

このようなトマスの記述を読むと、問題は「理性」が充分な強さと健全さを有しているか否かという点のみにあるのではないか、という印象を受けるかもしれない。情念を充分に制御しうるような強さと健全さを理性が有しているか否かが決定的に重要なのだと。だが、トマスによると、理性のみに焦点を当てるこのような捉え方は、人間精神の構造に関する基本的な誤解に基づいている。トマスは次のように述べている。

〔人間精神の〕欲求的部分は理性に全面的に、その命令のままに従うのではなく、何らかの抵抗の余地を残しつつ従う。だからこそ哲学者〔アリストテレス〕は『政治学』第一巻〔第五章1254b4〕において、「理性は欲求能力に対して、市民制的支配権に基づいて命令する」、すなわち、事柄によっては抵抗する権利を有する自由な市民たちをある人が支配するさいの支配権に基づいて命令する、と述べているのである。(I-II, q.58, a.2)

このテクストにおいてトマスが述べていることを正確に理解するためには、アリストテレスが「市民制的支配権」と対比している「専制的支配権」の在り方と比較してみるのが大きな手がかりになる。すなわち、アリストテレスは「霊魂は身体を専制的支配権に基づいて支配する」と述べているが、トマスによると、これは、反抗する権利を持たない奴隷を主人が支配するような仕方で、霊魂——人間精神——が身体を支配しているという意味である。それは、正常に機能している手足が、全然反抗することなしに、理性の命じるままにただちに働きにうつるところから見て取ることができる(同前)。

人間精神の意のままに動く身体とは異なり、欲求能力は、理性の命令によって一方的に動かされるに留まらないような自律的な力を有している。「欲望的欲求能力と気概的欲求能力は理性に対して命令のままに従うのではなく、自らの固有の運動を有しており、それによって時に理性に反抗するのである」(I-II, q.56, a.4, ad 3)。

それゆえ、人間精神全体が善い在り方をするためには、理性のみが善い在り方をするのでは充分ではなく、「自らの固有の運動」を有する欲求能力もまた善い在り方をして理性と協働する必要がある。そのことをトマスは、職人の作業にたとえている。すなわち、職人の作業がふさわしい仕方で遂行されるためには、職人と彼の使用する道具の双方が作業へと向けてよく整えられている必要がある。それと同じように、「理性によって動かされる限りにおいて気概的欲求能力と欲望的欲求能力が為す事柄においては、理性のうちにのみではなく、気概的欲求能力と欲望的欲求能力のうちにもまた、よく働きを為すように完成する何らかの習慣があることが必要である」(I-II, q.56, a.4)。そして、こうした仕方で欲求能力を完成させるものこそ、「倫理的徳」と言われるものにほかならない。

「抑制ある人」と「無抑制の人」との共通点

人間精神の基本構造をこのような仕方でおさえると、前掲の抑制の基体についてのテクストを正確に理解するための材料が揃ったことになる。トマスは次のように述べていた。

> 欲望的欲求能力は、抑制ある人においてと、無抑制の人においてと、同じ在り方をしている。というのも、どちらにおいても、欲望的欲求能力は悪しく激しい欲望へと突進していくからである。(II-II, q.155, a.3)

「抑制ある人」と「無抑制の人」とを比較すると、「抑制ある人」の方がより善い在り方をしているが、その違いは「欲望的欲求能力」の在り方にあるのではない。なぜならば、「抑制」しなければならない「悪しく激しい欲望」が「欲望的欲求能力」のなかに生じやすい状態になっているという点においては、「抑制ある人」と「無抑制の人」とのあいだに相違はないからだ。トマスは続けて次のように述べている。

同様に、両者において理性は同じ在り方をしている。というのも、抑制ある人も無抑制の人も正しい理性を有しており、情念の外にあるときには、よからぬ欲望に従うまいと思い定めているのだからである。

「抑制ある人」と「無抑制の人」は、どちらも「悪しく激しい欲望」が生じやすい状態になっている。だが、どちらの人も、その「悪しく激しい欲望」をきちんと抑制しなければならないという認識においては違いはない。それは、「不節制」という悪徳を有している人が「悪しく激しい欲望」の満足に喜びを抱き後悔を感じないのと決定的に違う点である。

こうして、「抑制ある人」と「無抑制の人」は、「欲望的欲求能力」においても「理性」においても相違はないということになる。

「抑制ある人」と「無抑制の人」との相違

それでは両者の決定的な相違はどこにあるのか。トマスは続けて次のように述べている。

それらの者の主要な違いは、選択において見出される。というのも、抑制ある人は、激しい欲望を蒙《こうむ》るが、それにもかかわらず、理性のゆえにそれらの欲望に従わないことを選択する。他方、無抑制の人は、理性の反対によって抵抗することなく、それらの欲望に従うことを選択する。それゆえ、抑制は、選択をその働きとする魂の能力のうちに、それを基体として存在するのでなければならない。そして、それは意志なのである。

「抑制ある人」においても「無抑制の人」においても、「悪しく激しい欲望」と「理性」との対立に基づいた葛藤が存在している。その葛藤のなかでどちらに従うかという違いが、「抑制ある人」と「無抑制の人」との違いなのだ。そして、そのような「選択」を行うのは「意志」という能力にほかならない。その意味において、「抑制」の基体は「意志」にあるのである。

「抑制ある人」と「節制ある人」との相違

以上によって、「抑制ある人」と「節制ある人」との相違を説明する準備も整った。「抑制ある人」においては、「悪しく激しい欲望」と「理性」との葛藤が前提になったうえで、意志の力によって「悪しく激しい欲望」に抵抗し、正しい理性に従うという選択肢を選ぶことが可能になっている。それに対して、「節制ある人」の場合には、「欲望的欲求能力」自体が徳を通じて整えられることによって、深刻な葛藤を経ることなしに理性的な在り方を貫徹させることが可能になっているのである。トマスは『神学大全』第二部の第二部第百五十五問題第一項において、「抑制は徳であるか」という問いを立てて、次のように述べている。

抑制は、理性が諸々の情念に対して堅固であり、それらによって引きずられることがない限りにおいて、徳の特質に属する何らかのものを有している。だが、感覚的欲求も理性に服属し、そこにおいて理性に反する烈しい諸情念が生ずることのない倫理的徳の完全な特質には、抑制は達しているわけではない。それゆえアリストテレスは『ニコマコス倫理学』第四巻〔第九章1128b33-34〕において、徳に属する何らかのものを有するが、ある点において徳には達しないという意味において、「抑制は徳ではなく、〔徳と徳でないものとの〕一種の混合である」と語っている。

抑制は無抑制よりも遥かに好ましい在り方ではあるが、完全な意味で徳とみなすことはできない。抑制においては、節制という徳が身についていないという悪しき事態が前提になったうえで、最善の弥縫策として、意志の力を強めることによって最悪の事態が回避されているのであるから。それに対して、節制においては、そうした葛藤状態・緊張状態から解放され、理性によって、自らの欲望を、喜びを抱きつつ適切にコントロールすることが可能になっている。「節制」は、人間の「理性」ではなく「欲望的欲求能力」を完成させる徳である。節制ある人においては、専制的な「理性」が、「欲望的欲求能力」を奴隷のような仕方で外から強引に従わせているのではない。そうではなく、「欲望的欲求能力」自体が内的に高められ、いわば善き「市民」として、善き「支配者」である「理性」と調和的な仕方で協働する在り方が可能になっている。「欲望的欲求能力」は、自らよりも優れた能力である「理性」と協働することによって、抑圧されてしまったり、自らに固有の役割を失ったりしてしまうのではなく、むしろ、自らに真に相応しい働き方を身につけることができ、そのことが「喜び」を生むのである。

こうした協働的な構造は枢要徳においてのみ当てはまるのではない。後述の神学的徳において、神から超自然的な仕方で与えられる信仰・希望・愛は、人間の理性や意志の固有の役割を無化するのではなく、むしろ、その真の可能性を花開かせるものとして語られているのである。

五 アリストテレスに洗礼を施す——キリスト教的「純潔」

アリストテレスの受容と変容

「節制」という徳に関するここまでのトマスの説明は、「抑制」との比較も含めて、基本的に、アリストテレスが提示した枠組みを受容することによって展開されている。だが、トマスは、アリストテレスの発想をそのまま受け継いでいるだけではない。アリストテレスの枠組みを微妙だが決定的な仕方で変容させてもいる。そしてその背景には、キリスト教的な発想がある。トマスは、『神学大全』第二部の第二部第百四十二問題第一項「無感覚は悪徳であるか」の第一異論として、次のような見解を紹介している。

無感覚は悪徳ではないと思われる。というのも、無感覚と言われるのは、触覚の諸快楽に関して欠落している者である。ところが、これらの事柄において完全に欠落していることは、賞賛すべきことであり、有徳なことであるように思われる。というのも、「ダニエル書」第十章（第二―三節）において、「それらの日々、私ダニエルは、三週間喪に服していた。美食を口にせず、肉も酒も私の口に入ることはなく、香油を塗られることもなかった」と言われている。それゆえ、無感覚は罪ではない。（II-II, q.142, a.1, arg.1）

この異論の趣旨は極めて明快である。旧約聖書の義人であり預言者であるダニエルに関して、味覚（広い意味で触覚に属する）を喜ばせる肉や酒、そして触覚を喜ばせる香油を長きにわたって絶っていたという記述が見出される。義人であるダニエルに関してそのように非常に禁欲的な在り方が語られているのであれば、無感覚――快楽に対して過度に恬淡《てんたん》としていること――は悪徳や罪ではなく、むしろ善いものなのではないかと異論は主張しているのである。

この異論に対してトマスは次のように答えている。

快楽を与えるものをダニエルが控えたのは、快楽をそれ自体悪しきものとして恐れてではなかった。そうではなく、ある賞賛すべき目的のゆえに、すなわち、身体的快楽を控えることによって、自らを観想の高みにふさわしい者にするためであった。だからこそ、〔ダニエルに対して〕為された啓示についてすぐ後で述べられているのである。(II-II, q.142, a.1, ad 1)

ダニエルは禁欲それ自体を目的として行ったのではなく、他の目的のために禁欲を善用した。神の啓示を受けうるような宗教的に深い瞑想状態に入るために、物体的・身体的な善――快楽を与えるもの――からあえて離脱することをダニエルは選んだのである。このように解釈することによって、トマスは、「無感覚」を悪徳とみなすアリストテレスの見解が日常的な場面においては広く妥当することを肯定しつつ、同時に、快楽への自然な傾向性を敢えて遮断することがふさわしい場面があるということをも積極的に認めようとしている。そしてそのような場面の代表例として挙げられているのが預言者ダニエルの禁欲なのである。

だが、ここで注意すべきことは、トマスは、必ずしもキリスト教的な観点のみからアリストテレスと距離を取っているのではないという点である。トマスの論拠はもっと普遍的だ。彼は、同項の主文において、「このような〔人間の生のために必要な〕諸活動から帰結するこうした諸々の快楽を、何らかの目的のために控えることは、時には賞賛すべきことであり、必要なことでもある」と述べている。そして、その例として、身体の健康のために飲食物や性的な事柄を控えるとか、運動選手や兵士が自らに固有の職務を遂行するために多くの快楽から身を慎むことが必要だというような例を挙げているのである。

このような論の構成は、極めてトマスらしいものと言える。すなわち、トマスは、アリストテレスを中心とするギリシア伝来の哲学的伝統に依拠しつつも、聖書に由来するキリスト教的な視点を手がかりとしながら、自らが依拠する哲学的伝統を相対化する観点を提示してくる。だが、そのキリスト教的な視点というものは、「神の言葉だから」といった問答無用の仕方で持ち出されてくるのではない。むしろ、聖書の物語を手がかりにすることによって、理性的な哲学探究自体に新たな観点を普遍的な仕方で持ち来たらせることをトマスは試みているのである。

キリスト教的な徳の誕生――「純潔」

右に述べてきたような意味での快楽からの離脱は、トマス自身にとっても無縁ではなかった。

彼もキリスト教の修道者として、意図的な独身の人生を貫いた人物だったからである。トマスによると、修道者の生き方を支えているのは、「節制」の一種である「純潔(virginitas《ヴィルギニタース》)」という徳にほかならない。トマスは、『神学大全』第二部の第二部第百五十二問題第二項において、「純潔は許されないものであるか」という問いを立て、次のように述べている。

快楽をそれ自体として忌み嫌うかのように、正しい理《ことわり》(ratio recta)から外れてあらゆる快楽から離れている人は、無感覚なのであり、いわば野卑な人である。それに対して、純潔な人はあらゆる快楽から離れるのではなく、性的快楽からのみ離れる。しかも、その人がこの快楽から離れるのは、正しい理に基づいてなのである。ところで、『ニコマコス倫理学』第二巻〔第六章 1106b36-1107a1〕で述べられているように、徳の中庸は量に基づいてではなく、正しい理に基づいて決定される。それゆえ、『ニコマコス倫理学』第四巻〔第三章 1123b13-14〕において、度量の大きな人(magnanimus《マグナニムス》)について、「大きさにおいては極端だが、為すべきことを為しているという点においては中間にある」と述べられているのである。(II-II, q.152, a.2, ad 2)

悪徳としての無感覚と宗教的な純潔は似て非なるものだ、とトマスは述べている。純潔を求める人は、性的快楽を忌み嫌っているのでもなければ、快楽に無関心であるのでもない。純潔とは、そういった極端な在り方のことではないのだ。性的快楽から完全に離脱して生きるということは、「大きさにおいては極端」かもしれない。ほどほどの性的快楽を味わって生きるのではなく、完全に絶って生きるということは、目指している快楽の量それ自体に着目するならば、極端(極小)ということになるだろう。だが、然るべき状況において、然るべき時に、然るべき目的のためにそうした在り方を選んでいる限り、理性の規則に基づいているという意味において、事柄の真実――正しい理――に即した中庸な在り方をしていると言える(I-II, q.64, a.1, ad 2)。「敬虔な純潔があらゆる性的な快楽から離れるのは、より自由な仕方で神の観想に専心するためなのである」(II-II, q.152, a.2)。

節制という徳の一種である純潔という徳を身につけている人は、不本意ながらに性的欲望を我慢しているのではない。そうではなく、純潔を身につけることによって、自らが真に欲求している最高善である神の観想を自由に追求できる在り方へと解放されているのである。純潔という徳を身につけることによって、この人物は、感覚的世界に気を取られすぎることによって生じてくる視野狭窄から解放され、自らの真の欲求対象へと全エネルギーを方向づけていくことが可能になっているのだ。

アリストテレスに基づきつつアリストテレスを超える

トマスのこの論述は内容的に興味深いのみではない。論述の仕方にも興味深い点がある。それは次のような点である。すなわち、トマスは、アリストテレスが言及していない「純潔」という徳について論じている。それはキリスト教的な伝統に由来するものである。だがトマスは、キリスト教的な伝統に由来する在り方を「徳」のなかに含みこむことが、アリストテレスの精神から逸脱することになるとは考えていない。アリストテレスの残したテクストのなかにこのような徳についての言及がないとしても、アリストテレスの精神自体に基づいて、こうしたキリスト教的な在り方を「徳」として確立することができるとトマスは述べている。このテクストの末尾においてアリストテレスの言葉が引用されているのには、そのような意味があるのだ。

万物を肯定するキリスト教

キリスト教の修道者が性的快楽から距離を置いた純潔な在り方をするのは、性的事柄が醜いことであったり、善からぬことであったり、価値のないことであったりするからではない。正反対だ。善いものであり、価値あるものであるからこそ、それを犠牲にしてまで神にすべてを捧げて生きるところに意味が見出されているのである。

キリスト教とは精神的・霊的な事柄に価値を置き、物質的・身体的な事柄を悪しきものと見なすような宗教だと理解している人がいるが、それは完全な誤解だ。この世界の万物が神によって創造されており、神によって創造された万物は物質的・身体的なものも精神的・霊的なものもすべてが善いものだというのが正統的なキリスト教の理解である。キリスト教の歴史のなかで繰り返し巻き返し起こってきた「異端」とされる立場の多くは、精神的・霊的なもののみを善いものと見なし、物質的・身体的なものを悪しきものと見なすものであったが、そのような異端的な立場をキリスト教本来の立場と見なすのは適切とは言えない。

旧約聖書の「創世記」の第一章には、六日間で神が全世界を創造する有名な物語がある。その末尾は、新共同訳聖書では、「神はお造りになったすべてのものを御覧になった。見よ、それは極めて良かった」と訳されている。ここで「良かった」と訳されているのは、ヘブライ語のטוב《トーブ》という形容詞だ。ヘブライ語聖書は、紀元前三世紀から紀元前一世紀のあいだにギリシア語に訳された。そのギリシア語訳聖書(七十人訳聖書)では、この形容詞は、καλός《カロス》(美しい)と訳された。ここには、「神によって創造された全世界は極めて美しかった」という、実に美しい世界観が表現されている。このような仕方で善美なものとして秩序づけられている全世界の重要な構成要素である肉体や、肉体に関わる欲求がそれ自体悪いものであるはずはないのだ。

オリジナルな探求者としてのトマス

キリスト教的な世界観とアリストテレスの倫理学とが出会ったとき、新しい諸々の徳が生まれてきた。それは、単に、アリストテレスが定式化した諸々の徳に、キリスト教的な徳が外から付加されたということではない。むしろ、アリストテレスの理論に洗礼が施されることによって、アリストテレス自身が想定していなかったような仕方で、その理論が内的に変容されたということだ。

人が洗礼を受けてキリスト教徒になるとき、その人は全く別の人間になるわけではない。だが、その人のそれまでのアイデンティティに、「キリスト教徒」という新たな要素が外的に付け加わるだけでもない。それが真摯な信仰である限り、その人の人柄に、行動の在り方に、そして物の考え方に、内的な変容が生まれてくるはずだ。だが、変容の結果成立した在り方は、それまでのその人の在り方と完全に非連続なのではない。その人のなかにもともと潜在していた可能性が、洗礼によって触発されて顕在化してきたものでもある。

それと同じように、トマスによって洗礼を施されたアリストテレスの理論は、もはや、それ以前のアリストテレスのままではない。だが、だからといって、アリストテレスとは似ても似つかぬものになってしまったわけでもない。そうではなく、アリストテレスの理論のなかに潜在していた可能性が、トマスを介したキリスト教との出会いを通じて新たな仕方で顕在化してきたということなのだ。

アリストテレスの徳論の中核を為す徳の一つである「勇気」の場合にも、アリストテレスにおいてはその中心的な発揮場面であった「戦争」という枠組みを超えて、迫害による「殉教」という新たな次元が、「勇気」という徳の中核的な構成要素として語り出されるようになっている。トマスは、『神学大全』第二部の第二部の第百二十四問題第二項において「殉教は勇気の行為であるか」という問いを立て、次のように述べている。

勇気には、危険に対して、特に死の危険に対して、とりわけ戦争における死の危険に対して、人間を徳の善のうちに強めることが属している。ところが、死の差し迫った危険――ある特別な戦いにおいて迫害者から差し迫ってくる死の危険――のために、信仰と正義を放棄することがない限り、殉教において人間が徳の善のうちに強められていることは明白である。〔……〕それゆえ、殉教が勇気の行為であることは明白である。

ここにおいても、トマスによって洗礼を施されたアリストテレスの姿を我々は見出すことができる。このように、キリスト教に固有な「神学的徳」のみではなく、アリストテレスに由来する「枢要徳」の枠内においても、トマスの徳論においては、単なるアリストテレスの理論の受容や解釈といった次元を超えた独自の体系化が為されている。哲学史では、トマスは、「アリストテレス主義者」と位置づけられることが多いが、このような位置づけの仕方は、完全に間違いとまでは言えないとしても、非常に一面的なものだ。トマスは、聖書やキリスト教的古典のみではなくアリストテレスをも一つの素材として自らの神学・哲学体系を築き上げた、一人のオリジナルな探求者であったのだ。

六　親和性による認識――枢要徳と神学的徳を架橋する

判断の正しさの二種類――「理性の完全な使用」と「親和性」

枢要徳についての論述の最後に紹介しておきたいのは、「親和性による認識」という魅力的な理論である。この理論は、それ自体として重要であるのみではなく、枢要徳についての論述と神学的徳についての論述の橋渡しともなる理論でもあるので、ここで紹介しておきたい。トマスが「親和性による認識」に言及している代表的なテクストは次のものだ。

判断の正しさは二通りの仕方で生じうる。一つには、理性の完全な使用に基づいてである。もう一つには、それについていま判断が為されるべきところの事柄に対する何らかの親和性(connaturalitas《コンナートゥーラーリタース》)ゆえにである。たとえば、倫理学を学んだ人は、貞潔に属する事柄について、理性の探求によって正しく判断するが、貞潔の習慣(habitus《ハビトゥス》)を有する人は、何らかの親和性によって、それらについて正しく判断するのである。(II-II, q.45, a.2)

「貞潔(castitas《カスティタース》)」とは、「節制」の徳に属する徳の一つである。前節において詳述した「純潔(virginitas)」とは区別される徳であるので、混同しないように気をつける必要がある。「節制」という徳は、触覚の快楽をコントロールすることに関わるものであるが、触覚の快楽は二つに大別される。「それによって個体の本性が保存される食物の使用に属する働き」から生まれてくるもの(味覚は触覚の一部とみなされている)と、「それによって種の本性が保存される性的な事柄の使用に属する働き」から生まれてくるものだ(II-II, q.151, a.3)。そして、後者の快楽に関わる徳が「貞潔」と呼ばれる。

このテクストは比較的平明なので、それほど詳しく説明する必要はないかもしれないが、重要なポイントは次のとおりだ。何らかの事柄について我々が判断を下すとき、その判断が正しいものとなるのに二つの仕方がある。

一つは、「理性の完全な使用」に基づいたものである。何らかの「学知(scientia《スキエンティア》)」を身につけることによって、その学知の関わる事柄について的確な判断を下すことができるようになる。ここで挙げられている例では、「倫理学」という学問を学ぶことによって、「貞潔に属する事柄

〔すなわち倫理学に属する事柄の一部〕について、理性の探求によって正しく判断する」ことができるようになると言われている。

もう一つの仕方が、「親和性による認識」に関わるものである。この場合には、「それについていま判断が為されるべきところの事柄に対する何らかの親和性ゆえに」正しい判断が下される。ここで挙がっている例では、貞潔の習慣すなわち貞潔という徳を身につけた人が、貞潔に属する事柄について「親和性によって」正しく判断すると言われている。子供のときから、貞潔に関わる事柄についての適切なしつけを受け、大人になる過程において、そして大人になってからも、無秩序な仕方で欲望を追求することなく、バランスの取れた性的欲望充足の在り方を身につけてきた人は、倫理学という学問を通じて、「貞潔とは何か」「どうすれば貞潔を身につけることができるのか」といったことを知的・概念的に学ぶことをしなくても、貞潔な在り方をすることが自らにとって自然なこととして感じられるようになっている。貞潔に反する在り方には違和感を感じ、貞潔な在り方には親しみと馴染みを自ずと感じるような人柄が形成されている。そのような人は、自らの人柄に体現されている在り方に基づいて、すなわち親和性に基づいて、貞潔に関わる事柄に適切な判断を下すことができるのだ。

二つの知恵——神的な事柄を被《こうむ》る

親和性という概念は、倫理的な文脈においてのみではなく、神学的な文脈においても極めて重要な役割を果たす。トマスは前掲の引用に続けて次のように述べている。

神的な事柄について理性の探求に基づいて正しい判断を持つことは、知的徳である知恵に属するが、神的な事柄に対する何らかの親和性に基づいてこれについて正しい判断を持つことは、聖霊の賜物である限りでの知恵に属している。それはディオニシウスが『神名論』第二巻において、「ヒエロテウスは、神的な事柄を学ぶことによってのみではなく、神的な事柄を被ることによっても（patiens《パティエーンス》 divina《ディーヴィーナ》）完全である」と述べているとおりである。ところで神的な事柄に対するこうした共感ないし親和性は、我々を神と一致させる愛徳によって為されるのであり、それは「コリントの信徒への第一の手紙」第六章〔第十七節〕において「神に固着する者は〔神と〕一つの霊となる」と言われているとおりである。（II-II, q.45, a.2）

この引用は、「知恵は基体として知性のうちにあるか」という項からのものであり、「知恵（sapientia）」がどのような仕方で身につくかということを主題としている。トマスによると、知恵を身につけるとは、単にこの世界の多様な物事についての雑多な知識を身につけることではない。知恵を身につけるとは、この世界の最高原因である神を認識するとともに、最高原因である神を中心としたこの宇宙全体の秩序を認識することだ。こうした知恵を身につけている者は「知者(sapiens)」と呼ばれる。最高の知者は神そのものにほかならない。

トマスはその著作の様々な箇所において、「知者には秩序づけることが属している(sapientis est ordinare)」と述べている。ordo《オルドー》(秩序・順序・秩序づけ)という名詞や ordinare《オルディナーレ》(秩序づける)という動詞は、トマス哲学の、いや中世哲学全体のキーワードの一つである。「神への秩序づけ」「究極目的への秩序」「愛の秩序」「恩寵の順序」「自然本性の秩序」など、「秩序」という言葉が出てくる文脈は枚挙にいとまがない。「知恵の探究」に生涯をかけたトマスにとって、世界の「秩序」の探求がいかに本質的な重要性を有するものであったかが分かるであろう。トマスは、『アリストテレス『ニコマコス倫理学』註解』の冒頭において次のように述べている。

アリストテレスが『形而上学』の冒頭において言っているように、知者には秩序づけることが属している。その理由は、知恵は理性の最も優れた完全性であり、それに固有なことは秩序を認識することであるからである。というのも、感覚的能力は何らかのものをそれだけとして切り離して認識するが、一つのものの他のものへの秩序づけを認識するということは、知性または理性のみに属しているからである。

この凝縮されたテクストからは次の四つのことが読み取れる。(1)知者には秩序づけることが属する。(2)知恵は理性の最も優れた完全性である。(3)理性固有の努めは秩序を認識することである。(4)感覚的能力には秩序づけを認識することはできない。他の動物とも共通する「感覚的能力」ではなく、人間固有の「理性」を最も優れた仕方で完成させることによってこそ、「知恵」が獲得される。「知恵」を獲得するということは、この世界の一部のみを断片的に知ることではなく、この世界全体の秩序を深く認識することにほかならないのである。

そしてこのような「知恵」は、「理性の探求」に基づいて獲得されるのみではなく、「神的な事柄を被ることによっても」得ることができると、ディオニシウスの師とされるヒエロテウスの経験に基づいた言葉を引用しつつトマスは述べている。この言葉は、人間が神を対象化して知るのではなく、神の側が主体となって人間に働きを及ぼし、働きかけられた人間が神的な事柄に対して馴染ませられることによって、愛において神と一致し、神のことを、そして神を中心としたこの世界の秩序全体を体験的に知るようになることができるという意味だ。このような知恵は、神から与えられるものであり、「聖霊の賜物である限りでの知恵」と呼ばれる。こうした仕方で愛に基づいた対象との深い一致に基づいて認識するということこそ、まさに、親和性による認識にほかならない。「愛とは、愛する者の愛されるものに対する何らかの一致または親和性である」(I-II, q.32, a.3, ad 3)と述べられているとおりである。

愛によって燃え立たせられた理性

トマスは『神学大全』第一部第十二問題第六項において、「神の本質を見る者たちのうちのある者は、他のものよりもより完全に見るか」という問いを立て、以下のように答えている。

より多く愛徳を有する者ほど、より多く栄光の光を分有するであろう。より大きな愛のあるところ、そこにはより大きな熱望が存し、熱望は何らかの仕方で熱望者を、熱望されているものを受容するのにふさわしく、準備された者とするからである。それゆえ、より多く愛徳を有する者ほど、より完全に神を観て、より一層至福なる者となるであろう。

トマスは、どんな小さな問題について論じるときにも、常にこの世界の全体を視野に入れながら論じる体系的な神学者である。そこには冷静沈着な体系構築への意志がある。また彼は、事柄の本質を常に冷静に理性的に分析し続ける人物でもある。だが我々が見失ってはならないのは、トマスの理性は愛によって燃え立たせられた理性だということだ。

右に引用したテクストは、そうした熱い理性の持ち主としてのトマスの姿を鮮やかに浮き彫りにしている。誰かをより多く愛すれば愛するほど、我々は、その人のことをよく知りたいというより強い熱望を抱くようになる。そして、強い熱望を抱けば抱くほど、相手と自己を隔てる距離が縮まり、相手が自己の存在と切り離し難く感じられてくるようになり、自己にとってより馴染み深くかけがえのない存在になっていく。愛は、このような仕方で、自己が他者を受容するための「馴染み」という基盤を形作っていく。本書の冒頭において紹介した、「愛のあるところ、そこに眼がある」という言葉もそのような観点から解釈できる。

しかも、その愛する相手が、このテクストにおいては、単なる人間ではなく、神になっている。そして、「神は愛である」という「ヨハネの第一の手紙」第四章第十六節の有名な言葉にもあるように、神は愛そのものだというのがキリスト教の根本的な教えである。そうすると、神を愛する者は、愛を抱けば抱くほど、愛そのものである神と似た存在となり、神の本質へとより深く参入していくことができるようになる。このような在り方における神との親密な関わり合いを分析するのが、信仰・希望・愛徳という神学的徳を主題とする次章以降の課題である。

第三章　「神学的徳」としての信仰と希望

現代に生きる神学的徳

「神学的徳」についてのトマスの理論など、キリスト教が社会の中心にあった西洋中世の異物のようなものであり、現代においては実践的な意義を持たない化石のようなものにすぎないという印象を持つ人がいるかもしれない。だが、信仰・希望・愛徳という三つの徳は、キリスト教の教えの根幹をなすものとして、現代のキリスト教においても大きな影響力を有している。

信仰や倫理に関して指針を与えるために教皇が全カトリック教会に向けて送付する公式書簡として、「回勅」というものがある。前教皇ベネディクト十六世(在位二〇〇五―一三)は、在位後初めての回勅として、『神は愛』を発布した。そして、その後、『希望による救い』を発布し、さらに『信仰の光』を準備したものの、退位したため、『信仰の光』は教皇フランシスコによって発布された。回勅には様々なタイプのものがあるが、ベネディクト十六世は、キリスト教の教えを社会問題の解決へと応用するタイプの回勅を発布するのではなく、現代の精神的状況を踏まえたうえで、キリスト教の根幹に関わるメッセージを正面から主題として取り上げる回勅を、世俗化した現代世界に向けて発布しようとした。そこで選び取られたのが、三つの神学的徳を主題とした回勅を立て続けに発布するという戦略であった。中世においてトマスによって最も典型的な仕方で体系化された神学的徳が、現代においてなお実践的な意義を有するキリスト教の根本的な教えとして受け継がれているということが、このような事実からも見て取ることができよう。

神学的徳という概念は、トマスによってゼロから新たに作り出されたものではない。この概念の出発点は、新約聖書の「コリントの信徒への第一の手紙」第十三章第十三節にある「信仰と、希望と、愛、この三つは、いつまでも残る。その中で最も大いなるものは、愛である」というパウロの言葉のうちにある。パウロの言葉に基づきながら、アウグスティヌスを中心とする教父たちは、キリスト教的な徳についての理解を、古代ギリシア哲学には見出されない新たな仕方で形成していった。トマスは、教父思想を受け継ぎながら、アリストテレス哲学をも本格的に受容しつつ、神学的徳についての壮大な体系的理論を構築することに成功している。

トマス神学の根幹をなす神学的徳のうち、本章においては「信仰」と「希望」について、そして次章において「愛徳」について考察していこう。

一 信仰——知性による神的真理の承認

「知性」を軸にした信仰論

宗教的な信仰の本質をどのように捉えるのかについては、実に様々な立場がある。『信じる意志(*The Will to Believe*)』という著作を著したウィリアム・ジェイムズ(一八四二―一九一〇)のように、「意志」を軸に信仰を捉えようとする立場もあれば、『信仰論』を著したシュライエルマッハー(一七六八―一八三四)のように、「神への全き依存感情」のうちに宗教的信仰の本質を捉える立場もある。

このように多様な諸々の立場のなかにトマスの信仰論を位置づけるときに極めて特徴的なのは、彼が「感情」や「意志」ではなく「知性」を軸にした信仰論を展開しているという点だ。トマスにとって、「信仰」とは、絶対者に対する依存感情を抱いて安心するとか、意志的にとにかく決断するというところに本質があるのではない。何よりも「知性」に関わるものであり、さらに言えば、「知性」の固有対象である「真理」に関わるものなのである。後述のように、トマスの信仰論においては、「意志」も極めて重要な役割を果たすが、あくまでも「知性」が軸になったうえで、「知性」と「意志」とが協働するという話になっている。

日常生活における「信」

トマスは、「信仰」について考察するさいに、しばしば、宗教的な信仰以外の場面での「信じること」を手がかりにしている。典型的なのは、他者(人間)を信じるという場面である。人間を信じる場合には、「信仰」という日本語を使うことはできず、「信じること」とか「信頼」という言葉を使うのが自然だ。だが、ラテン語では、「信仰」も「信頼」も、fides《フィデース》という一つの名詞で表現することができる。日本語でも「信《しん》」という単語で、神に対する「信仰」と人間に対する「信頼」を合わせて表現することもできるだろう。トマスは、『ボエティウス三位一体論註解』第三問題第一項において、「人類にとって信は必要なものであるか」という問いを立て、次のように述べている。

人間の共同生活においては、一人の人が、自分では充分でないものにおいては、他の人を自分自身のように用いることが必要であるから、他の人は知っており自分自身には知られていないものに対して、自分自身が知っているもののように依拠しなければならない。それゆえ、人間の交わりにおいては、一人の人が、他の人の言明をそれによって信じるところの信(fides)が必要なのである。そして、キケロが『義務論』のなかで述べているように、これが正義の土台なのである。こうしたわけで、どのような嘘も罪なしには存在しない。というのも、いかなる嘘によってもこれほどまでに必要な信が損なわれるからである。

「信じる」という行為を、我々は、何か特別な場面においてのみ立ち現れてくるものとして捉えがちである。この宗教を信じていいのだろうかとか、このうまい投資話を信じていいのだろうかというように、人生の大きな岐路で決定的な決断を迫られたときに直面するのが「信じる」か「信じない」という選択だと考えがちだ。トマスがこのテクストにおいて為しているのは、「信じる」ということが、そのような特殊な場面においてのみではなく、人間の共同生活全体において極めて基本的で不可欠な役割を果たしているという事実の指摘である。

「人間の共同生活においては、一人の人が、自分では充分でないものにおいては、他の人を自分自身のように用いることが必要である」とトマスは述べているが、我々の生活において、自分だけで充分だというものは、極めて限られていると言ってよいだろう。生きていくために必要な食料にしても諸々の道具にしても、自分だけで充分に用意できるものなどほとんどないと言っても過言ではない。

そのなかでも、とりわけ自分だけでは充分ではないのは「知識」である。特に現代のような情報社会においては、生きていくために必要な知識のうちの大部分を我々は他者に依拠している。我々が直接的に経験して知っている事柄というのは、この社会のなかのごく一部の事柄にすぎない。新聞やテレビやインターネットを通じて触れる情報が、我々のこの社会についての認識の大半を形成していると言っても過言ではない。我々は、いわば、これらの情報を「信じる」ことによって社会について「知っている」のだ。ときに我々は、あるニュースが間違っていたとか、誰かが意図的に流した嘘の情報に基づいていたという事実に後から気づかされることがある。そうすると、我々は、嘘または誤りを信じてしまっていたことに気づく。

だが、時に嘘や誤りを事実として信じてしまうことがあるとしても、それを防ぐために、他者が伝えてくる知識や情報を全く信じずに、自分が直接的に経験して知っていることや、論理的に必然的な推論に基づいた数学的真理のようなものしか認めないとしたならば、我々は、この世界についての極めて断片的で一面的な知識しか持てないことになってしまうだろう。

「信」なき生の不可能性

また、自分が直接的に経験することのできる範囲の事柄に関しても、「信」なしで生きていくことはできない。我々が接する一人ひとりの言っていることが本当かどうか確実には分からないからといって、一つひとつの言葉を疑っていたのでは、その人がどういう人物なのか、全く見えてこないだろう。とりあえずその人の語る言葉を大筋において受け入れたうえで、その内的整合性や現実認識の妥当性を全体として問題にするのがより適切なやり方だろう。

友人や恋人のような特別に親しい関係においては、相手を信じて深く付き合うことによって初めて見えてくる相手の真の姿というものがある。完全に信じることができないからといって距離を置いて接しているのでは決して見えてこない、それぞれの人の人柄の深みがある。相手がきちんとした人物であると確実な仕方で証明されない限りその人を信じないというのでは、親密な人間関係は成立しない。誰も信じずに孤立して生きていれば、騙されたり嘘をつかれたりすることもないから安全かと言えば、そんなことはない。苦境に陥っても誰にも相談することもできず、喜び悲しみを共有することもできず、むしろ、この世界において安全に幸せに生きていくことの根幹が揺るがされてしまうだろう。この世界には、絶対に確実でなければ信じないというのでは失われてしまう実に多くの事柄があるのだ。トマスがこのテクストにおいて為そうとしているのは、このような仕方で、「信」というものが、人間が生きていくうえでいかに不可欠なものであるかという事実の指摘だ。

「知る」ことの前提としての「信じること」

「信じる」ということは、「知る」ことと対立したり矛盾したりするのではない。むしろ、「信じる」ということ自体が、「知る」ことの一つの在り方であり、また、何かを深く「知る」

ための大前提ともなる、というこうした事実をおさえておくことは、トマスの信仰論を的確に理解するために非常に大切である。我々は、しばしば、「信じる」ということと「知る」ということとを過度に対立させ、「信じる」ということは不合理な営みだと捉えがちだ。たしかに、この世界には、「不合理な信」というものがしばしばある。だが、反対に、「不合理な不信」とでも呼ぶべきものがあることを、他者に対する極端な不信や、メディアを介した情報を完全にシャットアウトすることによる孤立という右記の事例は指し示していると言えよう。

常に他者を疑い、確実な証拠なしには誰のことも信用しないという人がいたとすれば、その人は、理性的で健全な判断の持ち主と見なされるのではなく、むしろ、過剰で不合理な疑いに陥ってしまった不健全な人物とみなされるであろう。「信じる」ということは、宗教的信仰のような特殊な場面においてのみ必要となる事柄ではなく、我々の日常的な生を支える極めて基礎的で不可欠な要素として常に機能しているのだ。「信じる」ということが「知る」ことと相対立するのではなく、「知る」ことを補い、支え、「知る」ことの新たな可能性を開きもするというこのような観点を念頭に置いたうえで、いよいよ、トマスの信仰論についての本格的な分析に取り掛かってみよう。

「徳」としての「信仰」

トマスの信仰論を理解するさいに、多くの人にとって分かりにくいのは、そもそも「信仰」を「徳」として捉えるという点だろう。ある宗教を信じている人が倫理的な徳を有していたり有していなかったりするという話は比較的分かりやすい。キリスト教の信仰を有している人が、飲食や性的関係においてバランスの取れた欲求の在り方を有している場合に、「彼は節制の徳を有している」と言っても、この言い方に違和感を覚える人はあまりいないであろう。だが、特定の教えを信じているということ自体が、なぜ「徳」と呼ばれるのかということは、必ずしも分かりやすい話ではない。なぜ「信仰」は「徳」と呼ばれるのか。この問題を解決するための手がかりは、トマスの次のテクストのうちに見出すことができる。

信仰の光(lumen fidei)は信仰される事柄を見えるものにする。というのも、他の諸々の徳の習慣によって、人間はその習慣に基づいて自らに適合する事柄を見て取るように、人間の精神は、信仰という習慣によっても、正しい信仰に適合する事柄に――他の事柄にではなく――承認を与えるようにと傾向づけられるからである。(II-II, q.1, a.4, ad 3)

このテクストを理解するために思い出していただきたいのは、前章末において述べた「親和性による認識」である。貞潔についての「学知」を有している人が、その「学知」に基づいて貞潔について理論的に正しく認識することができるのに対して、貞潔という「徳」――「善い習慣」――を有している人は、「親和性」によって、すなわち貞潔に関わる事柄に対して実際に馴染んでいることによって、適切な認識を持つことができている。「他の諸々の徳の習慣によって、人間はその習慣に基づいて自らに適合する事柄を見て取る」と言われているのは、このような意味だ。本書において繰り返し述べてきたように、「徳」と訳されるvirtusというラテン語は、「力」という意味でもある。節制や勇気という倫理的な徳は、単に正しく行為する力を与えてくれるのみではない。倫理的な事柄を正しく見て取る力をも与えてくれるのだ。

このテクストは、倫理的徳について語られる親和性による認識を、神学的徳である「信仰」に応用したものとして読むと、解読しやすくなってくる。「信仰の光」と訳したlumen《ルーメン》 fideiというラテン語は、むしろ「信仰という光」と訳したほうが分かりやすいかもしれない。人間は、精神のなかに「信仰という光」を持つことによって、何を信じるのがふさわしいことなのかが見えるようになってくる。トマスがこのテクストにおいて語っているのはそういうことだ。

「節制」という「徳(virtus)」が、「節制」に関わる事柄を的確に見て取る「力(virtus)」を与えるように、「信仰」という「徳」は、「信仰」に関わる事柄を的確に見て取る「力」を与える。「信仰」が「徳」であるとはそういう意味だ。

「知性の承認」としての信仰

右の引用は、『神学大全』第二部の第二部第一問題第四項「信仰の対象は何らかの見られたもの(visum)でありうるか」の第三異論解答からのものである。トマスが信仰の本質をどのような仕方で捉えているのかを明らかにするために、この項をより詳細に分析してみよう。

信仰とは信じられる事柄に対する知性(intellectus)の承認を意味する。ところで、知性はあるものに二通りの仕方で承認を与える。一つには、知性が承認を与えるように対象そのものによって動かされるからである。この場合、対象は直知(intellectus)が関わる第一の諸原理において明らかなように、それ自体によって認識されるものであるか、あるいは学知が関わる諸結論について明らかなように、他のものによって認識されるものである。

トマスは、知性が何かに承認を与える仕方に二通りあるとしたうえで、まずこのテクストにおいては、その第一の場合について説明しようとしている。ここで注意していただきたいのは、ここで引用した範囲のテクストは、最初の一文を除けば、「信仰」について語っているものではないということである。そうではなく、「信仰」とは区別される「直知」や「学知」という仕方における「知性の承認」の在り方について語っているのがこのテクストだ。

intellectusというラテン語は、トマスにおいて、豊かな意味の広がりを伴って使用されている。このテクストにおいては、神や天使と人間に共通する直観的な認識能力である「知性」という意味が最も基本的な意味である。だが、それだけではなく、人間精神のうちに常に内在している根源的な諸原理の直観的な把握もまた、intellectusという言葉で呼ばれる。この場合には、「直知」と訳される。第一章で述べたように、「同時に肯定し、かつ否定するということはありえない」という理論理性の第一原理や、「善は為すべく、追求すべきであり、悪は避けるべきである」という実践理性の第一原理は、推論の結果として認識されるのではなく、あらゆる推論の前提として常に既に直観的に把握されている。これらの諸原理に対して知性が承認を与えるのは、「対象そのものによって動かされるから」、すなわち、これらの諸原理それ自体の自明的な正しさによって、知性が承認を与えるように必然的に動かされているからなのである。

それに対して、「学知(scientia)」とは「倫理的徳」と区別された「知的徳」の一つであり、何らかの原理からの理性的な推論に基づいて結論を導き出す知的な力を意味している。たとえば、数学の学知を有している人は、三角形の内角の和が二直角になるという原理から出発し、ある三角形の二つの角を知ることによって、残りの一つの角を導き出すことができる。この場合にも、こうした結論に対して承認が与えられるのは、対象そのものによって動かされるからだという点に関しては、「直知」の場合と同様である。

「信仰」における「知性の承認」は意志的に為される

以上が「直知」と「学知」における「承認」の構造である。ここで重要なのは、両者の相違ではなく共通性をおさえておくことだ。すなわち、どちらにおいても、「対象そのものによって動かされる」ことが知性による承認の決定的な理由になっている。推論を媒介するにせよ、しないにせよ、事柄自体の必然性に基づいて、対象に対する知性の承認が為されているのである。これは、トマスが引き続いて述べている「知性の承認」の第二の場合と決定的に違う点だ。トマスのテクストの続きの部分は以下のようになっている。

もう一つの仕方においては、知性は、固有の対象によって充分に動かされるからではなく、むしろ何らかの選択によって意志的に、一つの側にではなく他の側へと傾きつつ、承認を与える。そして、もしこのことが疑い、および他の側〔が真であるかもしれないと〕の怖れを伴って為されるならば、臆見(opinio《オピーニオー》)が存在するであろう。それに対して、このような怖れなしに確信を伴って為されるならば、信仰(fides)が存在するであろう。ところで、それ自身によって我々の知性もしくは感覚をその認識へと動かすところのものが、「見られる」と言われる。それゆえ、感覚に基づいてにせよ、知性に基づいてにせよ、見られたものについては、信仰も臆見もありえないことは明白である。

このテクストにおいては、「臆見」と「信仰」における知性の承認の構造が語られている。「臆見」と「信仰」の場合には、「直知」と「学知」の場合とは異なり、知性の承認が為されるのは、固有の対象によって充分に動かされるからではない。そうではなく、「何らかの選択によって意志的に、一つの側にではなく他の側へと傾きつつ、承認を与える」。とはいえ、「臆見」と「信仰」には大きな違いが存する。「臆見」の場合には、知性の承認は、「疑い、および他の側〈が真であるかもしれないと〉の怖れを伴って為される」が、「信仰」の場合には、「怖れなしに確信を伴って為される」からだ。

「臆見」――推測に基づいた考え――と訳した opinio というラテン語は、英語の opinion の語源であることからも分かるように、より日常的な言葉を使って「意見」と訳すことも可能である。「5＋7＝12だというのが私の意見だ」と言う人がいたとしたならば、我々は奇妙に感じるだろう。「それはあなた個人の意見ではなく、客観的な真理でしょう」と言いたくなるからだ。トマスの言葉で言えば、考察の対象である数学的な事柄そのものに動かされて、知性は5＋7＝12という数式に必然的な仕方で承認を与える。それは、「疑い、および他の側〈が真であるかもしれないと〉の怖れを伴って為される」ような意見・臆見とは決定的に異なっている。

他方、「信仰」の場合には、そのような怖れなしに確信を伴って承認が為されるとトマスは述べている。それはどのような意味なのだろうか。

「認識」としての「信仰」

信仰の構造の分析に本格的に進んでいく前に、ここで確実におさえておきたいことがある。それは、トマスが、「信仰」というものを、「知性の承認」の一形態として、すなわち、認識の一形態として捉えているという事実である。我々は、「信じること」と「知ること」とを截然と分けて考えがちだ。だが、トマスは、「信じること」を「知ること」の一形態としておさえようとしている。このことを理解することが、トマスの信仰論を適切に理解するための最も重要な点の一つと言える。トマスは次のように述べている。

「認識(cognitio《コグニチオー》)」は二つのこと――「見ること(visio)」と「承認(assensus)」――を意味する。そして、「見ること」に関する限りにおいては、「認識」は「信仰・信(fides)」と区別される。だからこそグレゴリウスは、見られたものは「信仰を持たず認識を持つ」と述べているのである。またアウグスティヌスの『神を見ることについて』によると、「感覚に」もしくは知性に「現前しているものが」見られると言われる。ところが、知性に現前すると言われるのは、知性の受容力(capacitas《カパーキタース》)を超えないものである。

だが、「承認の確固たること・確実性(certitudo《ケルティトゥードー》)」に関する限りにおいては、信仰は「認識(cognitio)」なのであり、それゆえ、「コリントの信徒への第一の手紙」第十三章(第十二節)「我々は今は鏡を通じて謎において見ている」と言われているように、信仰は「知(scientia)」や「見ること(visio)」と言われることもできる。アウグスティヌスが『神を見ることについて』において次のように述べているのもそのような意味である。「最も確実だと信じているところのものもまた我々は知っていると不適切ではない仕方で言われるのであれば、我々の感覚には現前していないとしても、信じられている事柄もまた、我々は精神によって見ていると正当にも言われるのである。」(『定期討論集　真理について』q.14, a.2, ad 15)

このテクストの前半に述べられていることについては、もう詳しい説明は必要ないだろう。「信仰」とは、人間の「知性の受容力」を超えた神秘に関わるものであり、現世を生きる人間に、神秘そのものである神が現前してありのままに見られることはない。その意味において、信仰の対象は見られたものではありえない。だが、後半においては、「承認の確固たること・確実性(certitudo)」に関する限りにおいては、信仰は「認識(cognitio)」だとも言われている。

これはどのような意味であろうか。そのことを明らかにするための手がかりは、引用されているパウロの「コリントの信徒への第一の手紙」のテクストのうちにある。

このパウロの言葉には続きがある。「我々は今は鏡を通じて謎において見ている。だが、そのときには顔と顔を合わせて見ることになる」というものである。天国において人間が顔と顔を合わせて神をありありと見ることになる至福直観と対比させて、現世における人間の神認識の間接性と曖昧性について語っているテクストだ。

この箇所についてのトマスの註解はこうだ。現世における人間の神認識は、神によって創造された被造界に反映している限りにおける神の知恵や善性や卓越性を、間接的に認識するものに留まらざるをえない。その意味において、被造物という「鏡を通じて」神を見ている。しかしそこにおいて見える神は、明晰で露わなものではなく、「ぼやけて隠されたもの（obscura et occulta）」である。「神の見えざるところのもの（invisibilia Dei）を被造物を通じて認識する限りにおいて、我々は鏡を通して見ると言われる。他方、その見えざるところのものが我々に隠されている限りにおいて、謎において我々は見るのである」（『コリントの信徒への第一の手紙註解』第十三章第四講）。

「ぼやけて隠されたもの」と言われると、そんなものが見えても大した意味はないではないかと思う読者がいるかもしれないが、そんなことはない。現世における人間の「知性の受容力」を超えたものを、人間は見ることはできない。だが、「ぼやけて隠されたもの」として神の神秘に触れることによって、人間は、現世における自らの「知性の受容力」を超えたものが存在するということを確固として承認する——すなわち信じる——ことができる。そうした仕方における承認を通じて、我々は、より豊かで確実な知へと導かれていくこともできる。そして、そのような確固とした承認・信は、「知」と対立するどころか、ある意味「知(scientia)」や「見ること(visio)」と見なすこともできるとさえトマスは述べているのだ。

「信」の原点にある「知」

「信じる」ことと「知ること」、または「信じること」と「見ること」との関係についてより掘り下げて考察する手がかりとなるのは、「神の知への参与」として信仰を捉えるトマスの基本的な観点である。トマスは、『対異教徒大全』第三巻第四十章「人間の至福は信仰による神の認識には存しないということ」において次のように述べている。

信じる者は、自らに他者から提示されるものに同意を与えるのであり、自らはそれを見ることはない。それゆえ、信じることは見ることよりもむしろ聞くことに似た認識を有している。ところで人は、見ていない自らよりも他者がより完全な認識を持っていると評価していのでなければ、見られてはいないがその他者によって提示されている事柄を信じることはないであろう。それゆえ、信じる者の評価が間違いであるか、提示する者が、提示されている事柄についてのより完全な認識を有しているに違いないかのどちらかである。しかしもし、提示する者が、その事柄を単に他者から聞く者として認識しているのみなのだとしても、このことが無限に進んでいくことはできない。というのも、そうすると、信の承認が虚しく(vanus)確固さ(certitudo)のないものになってしまうだろうからである。なぜなら、それ自体から確固としており(certus)、信じる者の信の確固さをもたらす第一の何かが見出されなくなってしまうからである。〔……〕

それゆえ、信仰の認識よりも高次な神についての人間の何らかの認識が存在するのである。我々がキリストを信じるときのように、〔信仰の内容を〕提示する人自身が直接的に真理を見ているか、または、我々が使徒たちや預言者たちを信じるときのように、〔信仰の内容を提示する人は〕見ている者から直接的に受け取っているかである。

それゆえ、人間の至福は神についての最高度の認識のうちに存するのであるから、信仰の認識のうちに存することは不可能である。

長く引用したが、ここでトマスが指摘していることは、極めて重要なことである。「信じる」

ということは、「知る」こととの繫がりなしには意味あるものとして存在しえないという事実をトマスは指摘している。このテクストで述べられていることの前半は、狭い意味での宗教的な「信仰」のみではなく、「信」全体に当てはまる話である。

たとえば、「裏山には熊がいる」と知人から言われたとしよう。裏山で熊を見たことのない私がその言葉を信じるとき、私は、その知人から提示されること――裏山には熊がいるという情報――に同意を与えるのであり、自らは熊を見たことがあるわけではない。もしも実際に見たことがあるのであれば、知人の言葉を「信じる」のではなく、「それは私も知っています」という反応になるはずだ。山歩きの好きな知人は裏山について自らよりも「より完全な認識」を持っているし、むやみに嘘をつくような人ではないから、私はその知人の言葉を信じる。そのとき、事柄の真相は次のうちのどちらかである。すなわち、その知人の言葉を信じてよいという私の評価は間違いであるか、または、その知人が実際に私よりも完全な認識を有しており、知人の言葉を信じたことによって私は正しい認識を獲得できたかだ。

これは、一番単純な例だが、もう少し複雑な例を考えることもできる。「裏山には熊がいる」と私に語った知人自体、自分で直接熊を目撃したのではなく、第三者から目撃情報を聞いたという事例だ。さらに、その第三者自体、他の人から目撃情報を聞いたという仕方で、情報伝達の系列を次から次へと遡っていくことが可能な事例を考えることができる。だが、「裏山には熊がいる」という情報を真なるものとして承認する私の「信」が意味のあるものとなるためには、この「信」の系列が無限に続くのではなく、「それ自体から確固としており、信じる者の信の確固さをもたらす第一の何か」がなければならない。すなわち、伝聞ではなく直接的な仕方で熊を目撃した人物の「裏山の熊についての確固とした知」があり、その知が究極的な支えとなって、一連の情報伝達全体の信憑性に確固さをもたらしているということがないと、単なるデマや噂、憶測や都市伝説に留まってしまうだろう。

使徒と預言者

「信」の構造についてのこのような基本的洞察を踏まえたうえで、トマスはキリスト教信仰の構造をこの引用文の末尾において分析している。聖書にある程度親しんでいる人であれば、ここで念頭に浮かんでくる一節があるだろう。「ヨハネ福音書」の序文末尾（第一章第十八節）の「いまだかつて、神を見た者はいない。父のふところにいる独り子である神、この方が神を告げ知らせたのである」という一節である。「父なる神」の「独り子」であるキリストのみが、神を直接的に見ており、その直視した神的真理を自らと共に活動した「使徒たち」に告げ知らせた、という意味だ。それゆえ、我々がキリストを信じるときには、信仰の内容である神的真理を提示しているキリスト自身が直接的に真理を見ているということになる。また、我々が使徒たち（の言葉）を信じるときには、神的真理を直視しているキリストから直接的に信仰内容を受け取った使徒たち（の言葉）を信じていることになる。

キリスト以前に神の真理を告げ知らせた「預言者たち」についても事態は同様だ。トマスは、『神学大全』第二部の第二部第百七十一問題第一項において「預言は認識に属するか」という問いを立て、次のように述べている。

預言は第一かつ主要的に認識に存する。というのも、人々の認識から遥かに遠く離れている事柄を預言者たちは認識するからである。〔……〕そしてこのことのゆえに、イシドルス〔五六〇頃―六三六〕が『語源』において述べているように、「旧約聖書において、彼等〔預言者たち〕は見者（videns）と呼ばれた。というのも、彼等は他の者たちが見ていなかった事柄を見、神秘（mysterium）のうちに隠されていたものを見て取ったからである」。

預言者とは見者であり、見ることすなわち認識することにおいて常人を遥かに超えている。預言者は、常人には隠されている神の神秘を見ることを許され、見たものを人々に開示する役割を担っている。トマスによると、「預言的啓示は、人間に関わる諸々の将来の出来事のみではなく、神的な事柄へも及ぶ」（II-II, q.171, 序文）。預言者とは、単に未来の事柄を予め語る者ではなく、常人では不可能な神的な事柄の認識を神から託され預かり、それを人々へと語り証す者のことなのだ。それでは、旧約聖書の預言者たちは、新約聖書で語られているキリストとは何が異なるのだろうか。トマスは、『神学大全』第二部の第二部第百七十一問題第二項において、「預言は習慣であるか」という奇妙な問いを立てつつ、次のように述べている。

預言によって明示されるところの、超自然的な認識に属する事柄の原理は神御自身であり、神はその本質によっては預言者によって見られることはない。〔……〕預言的光は預言者の魂のうちに、何らかの過ぎ去る受動(passio)もしくは刻印(impressio《インプレッシオー》)という仕方で内在している。〔……〕空気が常に新たな照明(illuminatio《イルーミナーチオー》)を必要とするように、預言者の精神も新たな啓示を常に必要とする。それはまだ技術の原理を習得していない弟子が個々の点について教導を必要とするようなものである。それゆえ「イザヤ書」第五十章〔第四節〕において、「〔主なる神は〕朝〔ごとに〕私の耳を呼び覚まし、師として〔神に〕耳を傾けるようにしてくださる」と言われている。そして、預言の語り方自体もこのことを示している。すなわち、「主はかくかくの預言者に語られた」あるいは「主の言葉が臨んだ」、「主の手が彼の上に置かれた」などと語られているのである。それに対して、習慣は持続的な形相である。それゆえ、本来的に言って預言は習慣ではないことは明らかである。

旧約聖書の預言の語り口を一つの手がかりとしたこの分析はとても興味深いものだ。「主の言葉が臨んだ」とか「主の手が彼の上に置かれた」という、旧約聖書において預言者から預言が語られるさいの文言は、単なる決まり文句にすぎないようなものではなく、預言というものの本質を浮き彫りにするための大きな手がかりを与えてくれるものなのである。すなわち、預言者は、自らに内在する持続的な在り方――それが「習慣」という言葉で名指されている――に基づいて預言する能力を有しているのではない。自らのなかに、「超自然的な認識に属する事柄の原理」を有しているわけではない。そうではなく、預言者が預言の言葉を語るたびに、師である神からの新たな啓示、新たな精神の照らしが必要になる。それは、「技術の原理」を自らのなかに保持していない弟子が、師からの教導を事あるごとに必要とするのと同様である。預言者は、「超自然的な認識に属する事柄の原理」そのものである神御自身から、随時、「超自然的な認識」を直接的に分け与えられ、精神に刻印される。それは、神人キリストが常に神の神秘を完全に見て理解しているのとは対極的である。

とはいえ、預言者は、超自然的な神の神秘についての認識を、それを見ている――いやその神秘そのものである――神御自身から受け取っている。これが、前掲の『対異教徒大全』のテクストで、「我々が使徒たちや預言者たちを信じるときのように、〔信仰の内容を提示する人は〕

見ている者から直接的に受け取っている」と言われていたことの意味である。我々が神に関する「超自然的な認識に属する事柄」を語っているものとして預言者の言葉を承認するとき、すなわち、預言者を信じるとき、我々が信じている預言者は、超自然的な事柄を見ている――知り尽くしている――神御自身から直接的に認識を受け取っているのである。

「神の知への参与」としての信仰

人間の神認識に関するこのような構造を理解することは、トマス神学の基本構造を理解するために極めて重要である。トマスは『神学大全』の冒頭部において、この書物が論じていく「聖なる教え」――キリスト教神学――の基本的な性格を規定して次のように述べている。

全宇宙の最高原因――すなわち神――を端的に考察する人は、最大限に知者と呼ばれる。〔……〕ところで聖なる教えは、最高原因である限りにおける神を最も固有な仕方で取り扱う。というのも、〔この学が神を取り扱うのは〕単に被造物を通じて認識可能なものである限りにおいてのみではない。〔そのこと〔被造物を通じて認識可能なものである限りにおける神〕を認識していたのは〔異教の〕哲学者たちであった。それは「ローマの信徒への手紙」第一章〔第十九節〕において、「神について知られるところのものは、彼らに明らかである」と言われているとおりである。）それだけではなく、自らについて神御自身にのみ知られており、他の者へは啓示によって伝達されるところのものである限りにおいても、〔聖なる教えは取り扱うのである。〕それゆえ聖なる教えは最高度に知恵と言われる。（I, q.1, a.6）

ここまでの論述を辿ってくれば、このテクストでトマスが言わんとしていることは比較的明確だろう。神の啓示――それは聖書において伝承されている――に対する承認に基づくキリスト教信仰や、信仰に基づく神学は、たしかに理性を超えている側面があるが、理性に反しているわけではない。「神についての知（scientia Dei）」を探求する「聖なる教え」は、啓示によって伝達（communicare）される「神の知（scientia Dei）」――「神が自己自身について有している知」――への参与として捉えられている。scientia Dei というラテン語は、「知・学知」を意味する scientia《スキエンティア》という名詞と、「神」を意味する Deus《デウス》という名詞の組み合わせによって構成されている。そして、scientia が主格であるのに対して、Dei は Deus の属格になっている。属格は英語の所有格にあたるものであるが、大きく分けて主格的属格（主格的な役割を果たす属格）と対格的属格（対格――英語の目的格にあたる――的な役割を果たす属格）に分けることができる。前者で取れば、「神が有する知」という意味になり、後者で取れば、「神について有する知」となる。一見、この二つは全く違うものに見えるかもしれない。だが、トマスの神学体系においては、「神が自己自身について有する知」に分け与《あずか》ることによって「人間が神について有する知」が成立するという仕方で、両者が絶妙な仕方で統合されている。そして、それは、別の角度から言えば、「信仰」と「知」が絶妙な仕方で統合されていると言い直すこともできる。

中世スコラ哲学や、キリスト教神学に少しでも触れたことのある読者であれば、「信仰と理性」または「信仰と知」という対概念を目にしたことがあるだろう。キリスト教神学についての的確な理解を得るために、こういった枠組みを使って考察を進めることは、とても有益なことである。だが、「信仰と理性」「信仰と知」という図式は誤解を招きやすいものでもある。というのも、「信仰」と「理性」、「信仰」と「知」とは相反するものであったり対極的なものであったりするという印象を与えやすいからだ。

トマスの信仰論を理解するための最大の鍵の一つは、「信仰と理性」「信仰と知」が不可分の関係にあるということを理解することのうちにある。神の啓示に基づいたキリスト教の神学とは、証言に基づいた学にほかならない。神の啓示を受けた預言者と使徒の証言である聖書の言葉に基づいて神の在り方を探求することにほかならない。そして、その証言とは、究極的には、神が啓示すること――神が自らの在り方を人間に開示すること――すなわち、神の自己自身についての証言にほかならない。預言者と使徒が全人類に伝えてくれた神の言葉は、全知であり全宇宙の最高原因である神の最も確実な自己知に基づいた「知恵(sapientia)」の言葉であり、そうした知恵の言葉に依拠した信仰や神学という営みもまた、理性に反するどころか、理性を究極的に完成させる――「神の知」へと近接させていく――「知恵」の営みなのである。

「徴《しるし》」としての出来事

ここまでは、「知ること」と「信じること」の接点を強調する仕方で論述を進めてきた。だが、もちろん、「知ること」と「信じること」とのあいだには大きな飛躍があることも他面の事実だ。トマスは、『対異教徒大全』第一巻第六章「信仰に属する事柄に承認を与えることは、理性を超えてはいるが、軽率なことではないこと」において、次のように述べている。

「人間理性が経験を提供することのない」(大グレゴリウス『福音書講話』)こうした真理に信を置く人々は、「ペテロの第二の手紙」第一章(第十六節)に言われているように、いわば「無教養な作り話に従っている」かのように、軽率な仕方で信じているのではない。というのも、すべてを最も十全な仕方で御存知の神的な知恵御自身が、「神的な知恵の諸々の秘密(secreta)」(「ヨブ記」第十一章第六節)を、かたじけなくも人間に啓示して下さったからである。神的な知恵は、自然的な認識を超えている諸々の事柄を確証する(confirmare)ために、自然の能力全体を超えている諸々の業《わざ》を眼に見える仕方で提供するとき、自らの現前と、教えおよび霊感（inspiratio《インスピラーチオー》）の真理を諸々のふさわしい（conveniens）証拠（argumentum）によって提示している。すなわち、病気の驚くべき癒やし、死者たちの甦り、天体の驚くべき変化において〔提示している〕。そして、さらに驚くべきことには、人間精神への霊感において〔提示しており〕、その〔霊感の〕結果、無学の人々や単純素朴な人々が、聖霊の賜物に満たされて、最高の知恵と雄弁をたちまち獲得したのである。〔……〕

これほどまでに驚くべき世界のキリスト教信仰への回心は、過去の諸々の徴《しるし》の最も堅固な証《あかし》である。そうであるからには、それ〔徴〕がさらに繰り返される必要はない。なぜなら、その結果において明確な仕方で現れているからである。というのも、もしも、かくも高尚な事柄を信じ、かくも困難な事柄を行い、かくも高遠な事柄を希望するところまで、世界が驚くべき徴もなしに単純素朴で卑賤な人々によって導かれたのだとすれば、それは、あらゆる徴よりもより驚くべきことであろうからである。

「徴（signum《シグヌム》）」とは、キリスト教神学の基本概念の一つである。認識することの容易なある事柄が、認識することがより困難な何らかの事柄を指し示すものであるときに、前者が後者の徴だと言われる。聖書以来、「奇跡」とほとんど同じ意味で使われることが多かったが、トマスは次のような仕方で両概念を区別している。

奇跡においては二つのことに着目することができる。一つは、為されるところのこと、すなわち自然の能力を超える何らかのことである。この意味で奇跡は「力(virtus)」と呼ばれる。もう一つは、諸々の奇跡がそれのために為されるところのこと、すなわち、何らかの超自然的なことを明示するためという点である。この意味で奇跡は一般的に「徴」と呼ばれる。(II-II, q.178, a.1, ad 3)

神がこの世界に奇跡を引き起こす目的に着目するとき、「徴」という概念が浮かび上がってくる。その目的とは、眼に見える感覚的世界における奇跡を通じて、眼に見えず認識することの困難な超自然的なことを人間に明示することである。「徴」という概念に関するこのような理解を踏まえたうえで、前掲の『対異教徒大全』のテクストに立ち戻ってみよう。このテクストを的確に理解するための鍵となるのは、「神的な知恵は、自然的な認識を超えている諸々の事柄を確証するために、自然の能力全体を超えている諸々の業を眼に見える仕方で提供するとき、自らの現前と、教えおよび霊感の真理を諸々のふさわしい証拠によって提示している」という部分である。

眼に見える仕方で提供される「自然の能力全体を超えている諸々の業」が、「自然的な認識を超えている諸々の事柄」すなわち「信仰に属する事柄」の「徴」になっているという構造がここにはある。感覚的世界において引き起こされる超自然的な出来事が、超自然的な神の知恵と働きの徴となっている。感覚的認識によって「知る」ことのできる不可思議な出来事が徴として機能することによって、理性を超えた神の神秘を「信じる」ことは「軽率なことではない」と示されるという仕組みになっているのだ。

このテクストにおいては、「知ること」と「信じること」との両義的な関係性が語り明かされている。信仰の真理は、「自然的な認識」——神の超自然的な助けを受けていない限りにおける人間の感覚と理性による認識——を徹底的に超えている。「信じる」ことと「知る」ことのあいだには、決定的な距離がある。だが、感覚的に「知る」ことができる「徴」が与えられることによって、「信じる」ことの必然性が論証されることはないとしても、それが「軽率なことではないこと」が示される。「信じる」ことと「知る」こととは、はっきりと区別されたうえで、その有機的な関係の構築が可能なものとして語り出されているのだ。

「ふさわしさ」の論理

この『対異教徒大全』のテクストを読むときに気をつけなければならないのは、眼に見える仕方で提供される「自然の能力全体を超えている諸々の業」が、「自然的な認識を超えている

ているのである。

という点だ。「証明する」のではなく、「諸々のふさわしい証拠によって提示している」と言っ

諸々の事柄」すなわち「信仰に属する事柄」を証明する、とトマスは述べているわけではない

ここで注目に値するのは、「ふさわしい証拠によって」という言い方だ。「ふさわしい」と訳したのはconveniens《コンヴェニエーンス》という形容詞である。この語は、「ふさわしい」とか「適切な」という意味の極めて一般的なラテン語でもあるが、トマスにおいてはnecessarium《ネケサーリウム》(必然的な)という形容詞との対比において使われる重要な神学的用語の一つにもなっている。この用語は、聖書において語られる何らかの出来事はconveniensであったのかという文脈において使用されることが多い。たとえば、「神が受肉するのはふさわしいことであったか」(III, q.1, a.1)とか、「キリストが洗礼を授けられることはふさわしいことであったか」(III, q.39, a.1)とか、「キリストが試みを受けることはふさわしいことであったか」(III, q.41, a.1)というような問いが問われている。

「神が受肉する(キリストにおいて人間になる)」とか「キリストが洗礼を授けられる」とか「キリストが試み(悪魔の誘惑)を受ける」というような出来事は、この世界の構造上必然的に生じてくるような出来事ではない。だが、聖書ではこのような出来事が起こったと語られている。聖書で語られているとおりに実際にこのような出来事が起こったのだとすれば、我々はこれらの出来事の意義をどのように理解し、我々の世界理解のなかにどのような仕方で位置づけ

ることができるだろうか。そうした文脈において生じてくるのが「ふさわしさ」の問題だ。

神が受肉したり、キリストが試みを受けたりすることは、必然的に生じてくる出来事ではないし、人間救済のために絶対に必要な出来事でもない。だが、実際に起こったということを前提に考えてみると、それは、人間理性による理解を完全にはねつけるようなものなのではなく、それらの出来事の有意義性を、我々は様々な観点から見出すことができる。神の超越性や全能性を考慮に入れると、神は別の出来事を引き起こすことによっても、人類の救済を引き起こすことができたかもしれない。そのような意味において、これらの出来事には必然性はないし、絶対に必要なものであったとも言えない。だが、ある意味偶然的な仕方で実際に生じたと聖書に報告されている出来事を理性的に分析してみると、そこにはもっともな筋道と知恵を見出すことができる。このような文脈で語られるのが「ふさわしさ」の論理なのだ。

このような論理は、厳密な意味での論理的な証明ではなく、必然的な説得力を持つことはない。「神の受肉」といった、人間理性で厳密に証明することができない事柄を受け入れるように人間を誘導する力はそれなりに持ちうるだろう。また、「神の受肉」という出来事を既に信仰において受け入れている人々が、その出来事を理性によって理解するために大きな役割を果たすこともできるだろう。だが、それは必然的・絶対的な説得力を有するものではない。

眼に見える仕方で提供される「自然の能力全体を超えている諸々の業」は、あくまでも、

「諸々のふさわしい証拠」という非必然的な次元に留まるものなのだ。

我々は、「必然的な論証」の方が、「必然性のない徴」よりも厳密さにおいて上であり、その限りにおいて優れていると考えがちだ。「必然性のない徴」というのは、理性を超えた信仰に関する事柄を知的に説得力のある仕方で語るための苦肉の策にすぎないという印象を受ける読者もいるかもしれない。だが、以下に示すように、これらの奇跡が「必然性のない徴」だというところに、むしろ積極的な意義があるのだ、と考えるところにこそ、トマスの信仰論のポイントがある。必然性がないからこそ、信仰を抱くか否かという決定的な問題に関して人間の自由意志が介入する余地が生まれてくるからである。

二　恩寵と自由意志の協働

恩寵と自由意志

トマスは、『神学大全』第二部の第二部第六問題第一項において、「信仰は神から人間に注入されるのであるか」という問いを立て、次のように述べている。

信仰に属する事柄に対して人間が与える承認に関しては、二重の原因を考えることができる。その一つは外部から誘導する原因、たとえば目撃された奇跡、あるいは信仰へと誘導する人間による説得である。これらのいずれも充分な原因ではない。というのも、一にして同一の奇跡を目撃し、同じ説教を聴いた人々のうち、ある者は信じ、ある者は信じないからである。それゆえ、信仰に属する事柄に対して承認を与えるようにと人間を内的に動かす別の内的な原因を措定しなければならない。

ところが、ペラギウス派はこうした原因としては人間の自由意志のみを措定し、そのことに基づいて次のように論じた。すなわち、信仰に属する事柄に承認を与えるようにと準備ができた状態になることは我々に由来する限りにおいて、信仰の発端は我々に由来する。他方、信仰の成就は、我々に対して信じなければならない事柄を提示する神に由来する、と。

だが、これは誤りである。というのも、人間は信仰に属する事柄に承認を与えるに際して、自らの自然本性を超えて高められているがゆえに、このこと〔人間が信仰に属する事柄に承認を与えること〕は内的に〔人間を〕動かすところの超自然的な根源、すなわち神に由来して人間に内在しているのでなければならない。それゆえ、信仰の主要的な行為である承認に関して言えば、信仰は恩寵によって内的に動かす神に由来する。

このテクストの最初の段落で述べられていることは、多くの読者にとって分かりやすい話であろう。「一にして同一の奇跡を目撃し、同じ説教を聴いた人々のうち、ある者は信じ、ある者は信じない」というのは、我々の常識とも一致している。このような事実を認めてしまうことは、「徴」の役割を無化してしまうのではないかと思う人がいるかもしれないが、そんなことはない。トマスが述べているのは、「奇跡」や「説得」のような「外部から誘導する原因」は「充分な原因」ではない、すなわち、必然的な仕方で人を信仰へと導くことはないということであって、それらのものが人を信仰へと導くに際して何の役割も果たさないということではないからだ。人間が信仰を持つようになるということが、個人の閉ざされた内面のみで行われるのではなく、外界の出来事や他者との関わりのなかで行われるものだというのがトマスの基本的な考え方であり、その限りにおいて、「奇跡」や「説得」のような「外部から誘導する原因」には不可欠の役割がある。だが、それ以上に決定的な役割をはたすのが、「恩寵によって内的に動かす神」なのである。

このテクストにおいて登場している「ペラギウス派」について理解するためには、「恩寵と自由意志」という、古代以来激しく論争の対象になってきたキリスト教神学の根本問題を理解しておく必要がある。人間が救済されるのは、神の側からの特別な働きかけ——恩寵——のみによるのか、それとも人間の自由意志が何らかの役割を果たしうるのかという問題である。このような問題は、救済者に対する宗教的信仰があるところには、様々な宗教において発生しうるものだ。我が国の宗教伝統においても、浄土真宗の絶対他力の発想は多くの人に親しみ深いものである。「善人なおもて往生をとぐ、いわんや悪人をや」という『歎異抄』の有名な言葉にも、自力で救われうるなどと考えずに、弥陀の助けにひたすら依り頼もうとする絶対他力の精神こそが救済に繋がるという発想が表現されている。それに対して、禅のように、自力による修行を重んじる流れもある。仏教においても、実際には、自力と他力の関係は遥かに複雑なものであるが、とりあえず、この問題の普遍性についてはこのくらいで理解していただけよう。

「宗教改革」という補助線

「恩寵と自由意志」という問題は、二千年に及ぶキリスト教思想史の全体を貫く根本問題の一つであり、この問題を軸にすることによって、キリスト教思想の様々な形態を区別し対比させて理解することも可能になる。最も有名なところで言うと、現在を遡ること五百年前に宗教改革の口火を切ったマルティン・ルター（一四八三―一五四六）のスローガンの一つは、「恩寵のみ（sola《ソーラー》 gratia《グラーティアー》）」であった。ルターは、人間の自由意志が救済において果たす役割を否定するために、『奴隷意志論』という著作を著してすらいる。

我が国においては、プロテスタントはしばしば「新教」と呼ばれ、カトリックは「旧教」と呼ばれてきた。この呼称が不適切なのは、単にカトリックがあたかも歴史的な役割を終えてしまった頑迷固陋な古い教えだという誤解を与えかねないという点にあるのみではない。そもそも、プロテスタントを「新教」と呼ぶことは、一見、その革新性を称揚するように見えて、実は、プロテスタンティズムの根本精神に反しているとも言える。というのも、プロテスタンティズムの運動とは、キリスト教についての新たな理解を打ち立てようとしたものというよりは、むしろ、キリスト教の原点に帰ろうとする原点回帰の運動であったからだ。

こうした原点回帰の精神を象徴するのは、「恩寵のみ」「信仰のみ」「聖書のみ」というルターによる三つのスローガンだ。中世のスコラ神学に対するルターの批判の焦点は、聖書には述べられていない余計な夾雑物をキリスト教神学のなかに持ち込んだという点に見出される。

読者のなかには、宗教とは、信じるか信じないかの問題であって、論理の問題ではないと思っている人が多いかもしれない。このような考え方は、現代世界に広く行き渡っている。宗教についてのこのような捉え方の一つの原点は、宗教改革にある。宗教改革の立役者であったルターは、人間が救われるのは「恩寵のみ」「信仰のみ」「聖書のみ」によるのであって、「自由意志」とか「哲学」や「理性」などは無用の長物だと主張したのである。現代の多くの人々の宗教についての捉え方を規定しているこうした宗教観・信仰観を踏まえたうえで、それと対比させると、トマスの知的営みの特徴を捉え、その現代的意義を浮き彫りにする手がかりを得ることができる。

ペラギウスの立場

ルターとは反対に、自由意志の役割を過度に強調する立場も、古代以来存在した。最も有名なのが前掲のテクストにおいて問題となっているペラギウス(三五〇頃－四二〇頃)だ。西欧キリスト教思想の基礎を形作ったアウグスティヌスの同時代人である彼は、原罪や人間の自然本性の堕落を強調して人間救済における神の恩寵の役割を強調するアウグスティヌスの見解——アウグスティヌスは自由意志の役割を否定することはない——と対立した。ペラギウスを代表とするペラギウス派は、神に似せて創造された人間本性の力を強調した。自由意志に基づいて善を選択しキリストを模範として行為することが、可能であり義務でもあると力説したのである。過度に自由意志の役割を強調するペラギウス派は、「恩寵と自由意志」の問題に関する異端的な見解の代表的なものとされている。

「異端」という日本語に訳されている元の概念は、αἵρεσις《ハイレシス》というギリシア語であり、その元来の意味は、「選択」である。教会の教えの全体のなかから、その一面のみを選択し強調していく態度が、「異端」とされる立場の基盤にある態度なのだ。それは神の教えに聴き従う態度ではなく、自らの意志に固執する態度だとトマスは指摘している。彼らは神から与えられた

「信仰」という神学的徳を抱いているのではなく、「自らの固有の意志に基づいたある種の臆見を抱いている」(II-II, q.5, a.3)。

それに対して、「正統」とされる立場は、一面的な立場に過度に入れ込むことはしない。一見緊張関係にあるようにも見える複数の側面――この場合であれば神の「恩寵」と人間の「自由意志」――を多面的なままに両立させようとするのである。

トマスの立場――恩寵と自由意志との協働

「恩寵と自由意志」の問題は、ときに、「恩寵と自然」または「超自然と自然」という対概念の形において定式化されることがあるが、基本的に同一の問題だと考えてかまわない。

「自然（natura《ナートゥーラ》）」とか「自然的（naturalis《ナートゥーラーリス》）」という語は、あるものが生まれながらに、その存在の初めから自己に固有なものとして有している基本的・本来的な性質を意味する。このnatura《ナートゥーラ》という名詞は、「自然」以外にも「本性」とか「自然本性」というようにも訳される。当然、naturalis《ナートゥーラーリス》という形容詞も、「自然的」以外にも「本性的」とか「自然本性的」と訳される。たとえば、「人間は理性的な本性を有している」とか「軽いものは上方に、重いものは下方に運動するような本性を有している」というような仕方でトマスはこの語を使用する。

他方、「超自然的」とは、それぞれの被造物に固有な自然的な能力を絶対的に超えている神の能力や働きを意味する。人間が生まれつき持っている、または育っていくなかで自ずと身につけることのできる自然的なレベルの能力では実現できないことが、神が折に触れて超自然的な恩寵を与えてくれることによって可能になる。

こうした仕方で、「恩寵と自由意志」または「超自然と自然」のどちらかのみを取ってどちらかを排除するのではなく、この両者が協働することによって、神と人間との深い関わりが構築されていくというのがトマスの基本的な考え方である。

トマスの立場の微妙さ——恩寵論争

それでは、トマスは恩寵と自由意志の関係をどのように捉えようとしているのであろうか。実は、この点に関するトマスの立場をどう解釈するべきかということは、それほど簡単な問題ではない。トマスの没後七百年以上にわたって、実に様々な解釈と論争を呼び起こしてきた。

そのなかでも最も有名な論争は、十六世紀末から十七世紀初頭に勃発した恩寵論争である。トマスに依拠するという意味では立場を同じくするはずのカトリックの神学者たちが、恩寵と自由意志との関係をめぐって熾烈な論争を繰り広げたのである。その論争のきっかけになったのは、イエズス会の神学者であるルイス・デ・モリナ(一五三五―一六〇〇)が一五八八年に出版した『恩寵の賜物、神の予知、摂理、予定および劫罰《ごうばつ》と自由意志との調和』であった。この著作においてモリナは、神の恩寵は人間の自由意志に基づいた行為に伴うが自由意志を決定するわけではないことを強調し、原罪によっても損なわれることのない人間の自由意志の積極的な力を強調した。それに対して、ドミニコ会の神学者であるドミンゴ・バニェス（一五二八―一六〇四）は、モリナの立場がペラギウス主義に近接する危険性を有するものだと判断し、人間の自由意志の発動に完全に先立つ神の恩寵の絶対的で包括的な先行性を強調したのである。

興味深いのは、同じくトマスに依拠しているモリナとバニェスが、対極的とも言える立場に立ち至っている点だ。この論争は、教皇パウルス五世（在位一六〇五―一二）の裁定によって、はっきりとした結論が出ないままに終息したが、恩寵と自由意志の関係をめぐる問題がいかに複雑で厄介なものであるかを示唆する格好のエピソードと言えよう。

信仰の「功徳《くどく》」と恩寵

「信仰」というものが、神の恩寵によって動かされて生まれてくるというトマスの前述の説明の仕方は、あまりにも「神がかっている」ものに見えるかもしれない。「信仰」が「神」に関わるものである以上、「神がかっている」のはある意味当然とも言えるが、それでもやはり、単なる非合理主義に陥らないためには、何らかの納得のいく説明が必要であろう。

話を分かりやすくするために、反対の仮定をしてみよう。人間を遥かに超える「絶対者」とされる神に対する信仰が、人間の熟慮のみに基づいて生まれてくるとしよう。そうすると、そのような「絶対者」には、人間にとって思いがけないような側面は限りなく希薄になってしまうであろう。そのような「絶対者」は、人間の想定内の存在、もっと言えば人間の意識によって構築された仮構物になってしまう危険性があるだろう。

また、逆に、「信仰」というものが純粋に神の働きかけによってのみ生まれてくるものであって、そこに人間の個人的な判断が全く介在しないのであれば、そのような「信仰」には、個人の主体的な要素は極めて希薄になってしまい、単なる強制または自然現象のようなものになってしまうであろう。

トマスは、『神学大全』第二部の第二部第二問題第九項において、「信仰という行為(actus fidei)は功徳《くどく》あるもの(meritorium)であるか」という問いを立て、次のように述べている。

　我々の行為は、神によって恩寵を通じて動かされた自由意志から出てくるものである限りにおいて功徳あるものである。それゆえ、自由意志に服するあらゆる人間的行為は、神へと関係づけられるならば、功徳あるものでありうる。ところで、信じるということそれ自体は、神によって恩寵を通じて動かされた意志の命令に基づいて神的真理に承認を与える知性の行為であり、したがって、神への秩序づけにおいて自由意志に服している。それゆえ、信仰という行為は功徳あるものでありうるのである。

「我々の行為は、神によって恩寵を通じて動かされた自由意志から出てくるものである限りにおいて功徳ある」という冒頭の一文においてまず問題にすべきことは、「功徳(meritum《メリトゥム》)」という概念である。このラテン語の名詞は mereor《メレオル》 という動詞に由来する。mereor とは、「値する」という意味だ。それゆえ、この動詞に由来する meritum という名詞は、直訳すれば、「値すること」となる。

「功徳」という日本語は、元来は仏教用語である。『日本国語大辞典』(小学館)では、「現在、また未来に幸福をもたらすよい行ない。神仏の果報をうけられるような善行。すぐれた果を招く力を徳としてもっている善の行為。断食、祈禱、喜捨、造仏、写経の類」と定義されている。西洋中世のスコラ学における meritum の訳語としても、この「功徳」という日本語が定訳となっているが、それは基本的に、極めて適切な訳語の選定だ。伝統的な宗教用語を活用した絶妙な訳語だと言える(「功績」という訳語も使われている)。

だが、注意も必要だ。善因善果的な縁起思想を背景にした仏教用語としての「功徳」とは異なり、絶対神の存在を認めるキリスト教の神学概念としての「功徳」の場合には、「功徳」自体が独立した原因として影響を及ぼして、救済に繫がるような結果をもたらすというのではなく、神の「恩寵」が常に既に徹底的に先行して働くとされているところに大きな特徴がある。「恩寵のみ」「信仰のみ」をスローガンに掲げて宗教改革の狼煙《のろし》を上げたルターは、原罪による人間本性の腐敗と堕落を強調し、人間の行為が救いに「値する」功徳たりうることを否定し、功徳の存在を認める中世カトリック教会のスコラ神学を批判した。だが、前述のところから明らかなように、トマスにおいても、人間の行為は、神の恩寵から切り離されて、それ自体として独立して「功徳」たりうるとは考えられていない。

恩寵を通じて動かされた自由意志

「我々の行為は、神によって恩寵を通じて動かされた自由意志から出てくるものである限りにおいて功徳ある」とトマスは冒頭の一文において述べているが、この文においてまず着目したいのは、「神によって恩寵を通じて動かされた自由意志」という表現である。ここにおいては、神の「恩寵」と人間の「自由意志」が相互排除的な在り方をするのではなく、共存し調和的に働く在り方が示唆されている。何かによって動かされるということと、自由に動くということは矛盾することではない。これは、動かす主体が「神」でない場合にも起こりうることだ。

たとえば、「ダンテの『神曲』の魅力に動かされてダンテの研究者になった」という事例について考えてみよう。このとき、この研究者は、『神曲』の魅力によって否応なしに動かされて、選択の余地なくダンテ研究者になってしまったわけではないだろう。そうではなく、いわば、「ダンテによって『神曲』を通じて動かされた自由意志」に基づいて、彼はダンテ研究者になったのだ。彼は、『神曲』の魅力に心を動かされつつも、ダンテの研究者にはならずに弁護士になることを選ぶことができたかもしれない。「友人の説得によって動かされて自殺を思いとどまった」というような場合にも同様だ。彼は、べつに、友人によって強要されたわけではない。自分のことをよく知っている友人の説得によって心を動かされながら、でも同時に、自殺によって苦しみから逃避することの誘惑にも心を動かされながら、自由意志に基づいて生きることを選び取ったのだ。

とはいえもちろん、人間の自由意志が神以外のものに動かされるときと、絶対者である神に動かされるときとで、話を全く同じ仕方で考えることはできない。「友人の説得」の話の事例の場合には、友人の説得による動かしがなかったとしても、私は結局は自殺を思いとどまったかもしれない。だが、「功徳」の場合には、話は異なっている。以下に述べるように、神の恩寵による動かしがあってはじめて、「功徳」は「功徳」として成立するのだ。

神と人間との協働

トマスは、『神学大全』第二部の第一部第百九問題第五項において、「人は恩寵なしに永遠の生命に値する者になることができるか」という問いを立て、次のように解答している。

永遠の生命は、人間の自然本性とのつりあいを超えた目的である。それゆえ、人間は自らの自然本性的な能力によっては、永遠の生命につりあった功徳ある業(opera meritoria)を生み出すことはできず、そのためには恩寵の力(virtus gratiae)であるところのより高い力(altior virtus)を必要とする。このようなわけで、人は恩寵なしには永遠の生命に値する者になる(mereri)ことはできないのである。

このテクストにおいては、極めて凝縮した仕方において、恩寵と功徳との関係が語り明かされている。このテクストにおいてトマスは、人間が自らの力のみで「功徳ある業」を為し遂げることができるという極端と、人間は自らの力では「功徳ある業」を為すことは全くできないという逆の極端の両者から距離を取って、人間の自然本性的な能力――その中軸となるのが自由意志――と神の恩寵が協働することによる「功徳ある業」の成立可能性を語り明かしている。

我々は、自分の力で何かを為し遂げたからこそ、それは報いに値する、すなわち功徳があると考えがちである。神という他者の「恩寵の力」によって初めて何かを為し遂げることができるのであれば、それは報いに値するものではありえないのではないだろうか。この疑問は極めてもっともなものだ。そして、実は、このテクストにおけるトマスの解決は、このような疑問を否定するというよりは、むしろ、それを認めたうえで克服したものになっている。

トマスは、人間が永遠の生命に値する者になるのは「恩寵のみ」によってだ、とは述べていないことに注意する必要がある。むしろ、神の恩寵を受けることによって、人間は、「永遠の生命につりあった功徳ある業を生み出す」ことができるようになる。それは、前掲の「信仰という行為は功徳あるものであるか」のテクストにおいて、「我々の行為は、神によって恩寵を通じて動かされた自由意志から出てくるものである限りにおいて功徳あるものである」という絶妙な表現によって語られていたことでもある。人間は、恩寵の助けによって初めて、「永遠の生命につりあった功徳ある業」を生み出すことができるようになる。こうした業を生み出すためには、たしかに恩寵の助けが必要だが、助けを受けたうえで業を実際に為し遂げているのは、自由意志に基づいて行為する行為者自身にほかならないのだ。

回心における恩寵と自由意志

トマスは、『神学大全』第二部の第一部第百九問題第六項において、「人間は、恩寵の外的な助けなしに、自己自身によって自己を恩寵へと準備することができるか」という問いを立て、次のように述べている。

神への人間の回心(conversio)はたしかに自由意志によって為される。そして、その意味で人間に対して神へと自らを向ける・回心する(se ad Deum convertat)ように命じられている。ところが、自由意志は神がそれを御自身へと向けるのでなければ、神へと向けられることは不可能である。それは、「エレミヤ書」第三十一章(第十八節)において、「私を帰らせ(回心させ)てください、そうすれば私は帰ります。あなたは私の神、主であるからです」と言われ、「哀歌」第五章(第二十一節)において、「主よ、我々をあなたのもとへ帰らせて(回心させて)ください、そうすれば私たちは帰ります(回心します)」と言われているとおりである。(I-II, q.109, a.6, ad 1)

ここで「回心」と訳したconversio《コンヴェルシオー》という言葉は、キリスト教神学の根本概念の一つであるが、それは「改心」ではないということに気をつける必要がある。「改心」とは、悪しき心を改めることである。倫理的に反省し、自らの心の在り方を善き方へと改めることだ。それに対して、「回心」とは、文字通り、心を回《まわ》すことを意味する。被造界へと向かっていた心の向きが変えられ、その創造主である神へと全面的に向け直されることである。

旧約聖書の「エレミヤ書」と「哀歌」の美しい一節を引用しながらトマスが試みているのは、

人間の自由意志は、神がそれを御自身へと向けるのでなければ、神へと向けられることはできない、すなわち、回心において神の恩寵が人間の自由意志に徹底的に先立っているという事実の指摘である。だからといって、自由意志は自由意志であることをやめるのではない。神によって心を引き寄せられつつも、自由意志は強制されてではなく、自発的に神へと立ち返っていくのだ。人間と神との自由な相互関係に関するこのような洞察は、最終的に、人間と神との友愛という驚くべきヴィジョンへと我々を導いていく。

神と人間との友愛

トマスは、『神学大全』第二部の第一部第五問題第五項において、「人間は自らの自然本性的な能力によって至福を獲得することができるか」という問いを立て、次のように述べている。

自然は、人間に、それに基づいて至福が獲得されることのできる何らかの原理・根源(principium《プリンキピウム》)を与えなかった——というのもそれは不可能であったから——とはいえ、必要不可欠なものを与えなかったわけではない。自然は人間に自由意志を与えたのであり、人間はそれに基づいて神へと向きなおる・回心する(converti)ことができ、〔そのとき〕神は人間を至福に導く。というのも、『ニコマコス倫理学』第三巻〔第三章 1112b24-28〕で言われているように、友人を通じて(per amicos)我々が為すことができることは、ある意味においては、我々によって(per nos)為すことができることであるからである。(I–II, q.5, a.5, ad 1)

このテクストにおいて、トマスは、アリストテレスが人間同士の協働について語っているテクストを、神と人間との関係へと応用している。たとえば、ある難病にかかってしまった人が、いろいろと調べてみたところ、その難病を治療しうるかもしれない優れた医師を見つけたとしよう。ところが、その医師は、特別な紹介がある場合でなければ診察はしない方針だとする。その場合、その医師との特別な人間関係を有していないとしても、その患者の友人である医師がその優れた医師とのつてを有しており、紹介してくれることができれば、その医師の診察を受けることができるようになるかもしれない。この場合、その優れた医師との連絡をつけることができたのはひとえに友人のおかげであって、患者自身は何もしていないように思われるかもしれないが、それは違う。もしも紹介してくれる医師の友人をその患者が有していなかったならば、彼は、どのようにしてもその優れた医師との連絡をつけることはできなかったであろう。紹介してくれる友人を有しているということ自体が、彼の有している大きな力であり、彼自身が「為すことができること」なのだ。その意味において、「友人を通じて我々が為すことができることは、ある意味においては、我々によって為すことができること」なのである。

このテクストが興味深いのは、このような友愛に基づいた人間の協働的な在り方が、身近な友人とのあいだでのみ可能なのではなく、人間と神とのあいだにおいても実現可能だとされているところにある。人間は、自らに自然本性的に与えられている根源――人間が自らに固有のものとして所有している諸能力――のみで至福を獲得することはできないが、神との協働へと入りこんでいくこと――それは神の恩寵に基づきつつあくまでも自己に固有の自由意志によって実現する――を通じて、神の至福に分け与ることができるのである。

三　神学的徳による人間神化

神学的徳の三大特徴

トマスの分析をここまで辿ってきてようやく我々は、「信仰」が「神学的徳」とされている意味を十全に理解することができる。トマスによると、「信仰」「希望」「愛徳」という三つの「神学的徳」は、「勇気」や「節制」のような「枢要徳」とは異なり、単に人間の努力によって身につけられるものではない。善い習慣の積み重ねによって形成されていく「勇気」や「節制」とは異なり、神を信じることができること自体が神から与えられる賜物(donum《ドーヌム》)なのである。

トマスによると、この三つのものが「神学的徳（virtutes《ヴィルトゥーテス》 theologicae《テオロギカエ》）」と言われるのは、以下の三つの理由に基づいている。第一に、「我々がそれらによって神へと正しく秩序づけられる(recte ordinamur)限りにおいて、それらは神を対象として有している」からである。第二に、「神のみによって我々に注入される」からである。そして第三に、「聖書における神の啓示によってのみこれらの徳のことが我々に伝えられた」からである(I-II, q.62, a.1)。そして、神学的徳というものの存在意義を十全に理解するために重要なのが、「神の至福の共有」という前述の観点なのである。それでは至福——完全な幸福——とはどのようなものであろうか。

「完全な幸福」と「不完全な幸福」

トマスが『神学大全』のなかで神学的徳について初めて主題的に言及しているのは、第二部の第一部第六十二問題「神学的徳について」である。その第一項は、「神学的徳というものが存在するか」と題されている。その主文においてトマスは、「徳によって人間は、それによって幸福へと秩序づけられるところの諸々の行為へと向けて完成される」という徳論の根本原理を提示してから、人間の「幸福」には二種類あるという持論を次のような仕方で展開している。

人間の至福（beatitudo《ベアーティトゥードー》）もしくは幸福（felicitas《フェーリーキタース》）には二つのものがある。その一つは人間の自然本性につりあったもの(proportionatus)であり、つまり、人間はその自然本性に属する諸根源によってそれに到達することができる。これに対して、もう一つの至福は人間の自然本性を超越するものであって、それへと人間は神性を何らかの仕方で分有することに基づいて(secundum quandam divinitatis participationem)、ただ神的な力によってのみ(sola divina virtute)到達することができる。この意味で「ペテロの第二の手紙」第一章〔第四節〕に、我々はキリストによって「神の本性に分け与る者(consortes divinae naturae)」たらしめられたと言われているのである。

このテクストにおいて語られている「幸福(至福)」の二分類という話題は、トマスがその著作の様々な箇所において述べている基本的なテーマの一つである。哲学史の書物をひもとくと、トマスはしばしば「アリストテレス主義者」として紹介される。トマスはたしかにアリストテレスの強い影響を受けている。だが、前章で既に指摘したように、アリストテレス「主義者」とまで言うのが適切かは疑問だ。トマスは多くの重要な論点においてアリストテレスから距離を取っているからである。その重要な論点の一つが「幸福(至福)」の問題だ。
トマスによると、アリストテレスが『ニコマコス倫理学』において語っているのは、現世において達成可能な「不完全な至福(beatitudo imperfecta)」についてである。それに対して、キリスト教的な観点を背景とした究極的な至福をトマスは「完全な至福(beatitudo perfecta)」と呼んでいる。この「不完全な至福」という表現は微妙なものだ。というのも、「至福」というのは「この上ない幸福」という意味なのであるから、それが「不完全」だというのは完全な矛盾とまでは言えないにしても、どこか奇妙なところがあるからである。これらの概念は、むしろ、「不完全な幸福」と「完全な幸福」というように訳し分けるべきだ。そして、後者こそ固有な意味で「至福」と呼ばれるべきものなのだ。これは、単に日本語訳の問題ではない。トマスにはしばしばある言葉遣いだが、beatitudoという語には、広狭二つの使用法がある。すなわち、狭義においては、beatitudoと言うだけで、beatitudo perfectaつまり「完全な幸福」＝「至福」を意味する。他方、広義においては、beatitudoは、広い意味での「幸福」、すなわち、「不完全な幸福」と「完全な幸福」の双方を含みこんだ意味で使われるのである。

「神の本性に分け与る者」――人間神化

このテクストでトマスが述べているのは、「不完全な幸福」は人間の自然本性に属する諸根源――理性や意志などの諸能力や習慣・徳など――によって到達することができるが、「完全な幸福」は神的な力によってのみ到達することができるということである。それは、「完全な幸福」というものが、そもそも、「人間の自然本性を超越する」ものだからだ。もっと端的に言えば、「神性を分有すること」にほかならないからである。ここで「分有すること」と訳したparticipatio《パルティキパーチオー》という語は、「参加すること」とか「参与すること」「分け与えること」と訳すことも可能だ。愛徳論のなかにおいて後述するように、この概念自体は古代以来の哲学の学派の一つであるプラトン学派に由来するものであるが、「神性に分け与ること」という発想は、キリスト教の聖典である聖書に基づくものである。トマスが引用しているように、新約聖書のうちに、人間が「神の本性に分け与る者」になるといった類の思想が見出される。これらの聖書表現に基づきつつ、古代の教父たちは、キリスト教の根本を、「人間神化（θέωσις《テオーシス》, deificatio《デイフィカチオー》）」という観点から捉えた。

もちろん、人間が神そのものになるわけではない。だが、有限な人間が有限な人間のままに留まったままで、絶対者である神のことを遠くに仰ぎ見るというのでもない。人間が人間本性を失わずに、しかも神の本性に分け与っていくことができる。古代教父以来の人間観に基づきつつ、トマスはこのような壮大なヴィジョンを提示している。トマスにとって、キリスト教の信仰を抱くということは、単にこの世における安穏な生活を維持してくれるような神を信じるとか、苦しいときの心の支えになるような存在を信じるとかいうことに還元されるものではない。それよりも遥かに積極的で内容の充実した希望にあふれるヴィジョンをトマスは展開しようとしているのだ。

言うまでもなく、「神性に分け与る」などということは、人間が自分の力のみで実現できるようなものではない。そうではなく、「ただ神的な力によってのみ」そのような状態に到達することができる。そこで出てくるのが、神から与えられるものである信仰・希望・愛徳という三つ組みなのである。ここでトマスに特徴的なのは、神から与えられる信仰・希望・愛徳が、「徳」という「力」である限りにおいて、人間精神のうちに内在し、人間固有の力になっていくという基本的な発想が見出されることだ。神学的徳が神から与えられるからといって、人間は、神から一方的に動かされる操り人形のようになってしまうのではない。正反対だ。むしろ、自分にもともと与えられている自然本性を磨き上げるだけでは到底身につけることのできないような新たな「力」を、自分に固有なものとして与えられ、自らのものにしていくことができるというのが、神学的徳に関するトマスの論考を貫いている基本的な視座なのである。

「神への固着」としての神学的徳

信仰論の結びとして、これまでの論述をまとめてみよう。トマスは、信仰という神学的徳のことを、神によって恩寵を通じて動かされた意志の命令に基づいて神的真理に承認を与える知性の行為として捉えている。知性は、神的真理の内的構造を完全に見て取ったうえで、神的真理に承認を与えるのではない。人間の知的能力を原理的に超えている神的真理に対してそのような仕方で承認を与えることはできないからである。そこで出てきたのが、「恩寵を通じて動かされた意志の命令に基づいて」神的真理に承認を与えるという分析である。こうして、「信仰」という神学的徳の成立のためには、人間の「知性」のみではなく、「意志」とその背後にある神の「恩寵」も必要とされるという流れになったのである。

それでは、なぜ、トマスは、信仰は「意志」ではなく、とりわけ「知性」に関わる徳だと述べるのだろうか。そのことを明らかにするためには、トマスが三つの神学的徳の相互関係について述べている以下のテクストが大きな手がかりを与えてくれる。

　ある徳はそれが固着する(inhaerere)ところの対象として神を有することに基づいて「神学的」と呼ばれる。ところが、ある人はある事物に対して二通りの仕方で固着することができる。その一つは、そのもの自身のゆえにであり、もう一つは、そのものから他のものが獲得される限りにおいてである。それゆえ、愛徳は人間の精神を愛の情動(affectus amoris)によって神に結びつけ、人間を神に、神自身のゆえに固着させる。それに対して、希望と信仰は人間を神に、そこから何かが我々に生じてくるところの何らかの根源に対するように固着させる。

ところで、神からは、我々に、真理の認識と完全な善の獲得の双方が到来する。それゆえ、信仰は、神が我々にとって真理認識の根源である限りにおいて、人間を神へと固着させる。というのも、神から我々に語られることが真である、と我々は信じるのだからである。他方、希望は、我々にとって完全な善の根源であるものとしての神へと固着させる。すなわち、至福を獲得するために、希望によって神的な助けを頼りにする限りにおいて。

(II-II, q.17, a.6)

「神に固着する(inhaerere Deo)」とは奇妙な言い方だが、アウグスティヌス以来、ラテン・キリスト教世界の神学で幅広く使われてきた用語の一つである。アウグスティヌスは、自伝的著作である『告白』において、「神に固着することは私にとって善いことです。というのも、もしも神のうちに留まらないならば、私は私のうちに留まることもできなくなってしまうでしょうから」と述べている(第七巻第十一章)。そして、実は、このアウグスティヌスの美しい表現自体、彼がゼロから編み出したものではなく、聖書に由来するものだ。旧約聖書の「詩篇」第七十二篇に、「神に固着すること、私の希望を主なる神のうちに置くことは、私にとって善いことです」という一節があるのである。アウグスティヌスやトマスのテクストには、「引用」という形式を取ることなしに、聖書の言葉が絶妙な仕方で豊かに織り交ぜられているので、これらのテクストを正確に理解するためには、聖書全体に対する広範な知識が必要になる。また反対に、アウグスティヌスやトマスの書いたものを読むことを通じて、聖書の様々な章句に対する深い理解を獲得していくこともできる。

『告白』の最も代表的な日本語訳を刊行した山田晶は、この箇所を「神によりすがるということは、私にとって善いことです」と訳している。これは、inhaerere《インハエレーレ》というラテン語の意味を汲み取りつつ自然な日本語に訳した魅力的な訳文である。だが、本書では「よりすがる」という訳語は採用しない。「よりすがる」というのは、「寄りかかって、すがりつく」とか「力として頼りにする」という意味である。「よりすがる」という日本語には、どうしても、弱さのニュアンスがつきまとう。弱くて不安定な自己を支えるために、強大なものに寄りかかるというニュアンスだ。

だが、トマスが神学的徳の特徴として述べている「神にinhaerereすること」を、そのようなニュアンスで捉えてしまうと、一面的な理解になってしまう。本書において繰り返し述べてきたように、「徳(virtus)」とは「力(virtus)」であり、そのことは、アリストテレスに由来する「枢要徳」にのみ当てはまるのではなく、「神学的徳」についても妥当する。「神にinhaerereすること」は、人間の弱さの現れなのではない。それは、自由意志という力に基づいて可能になっている人間の偉大さの現れであり、また、人間に、神学的徳なしにはありえないような力を与えるものでもあるのだ。人間は、全世界の根源である神と固く結びつくことによって、それなしには得ることのできない力を得ることができる。それが神学的徳の本質である「神に inhaerere すること」なのである。

神学的徳による人間の視野の飛躍的拡大

inhaerere という動詞は、「固執する」とか「執着する」と訳すこともできるが、それもトマスがこの言葉に与えているニュアンスとは大きく異なる。「固執する」とは、「自分の考えや意見を頑なに守って曲げない」というような意味である。また「執着する」とは、「何らかの物事に強く心を惹かれて、それにとらわれる」というような意味だ。どちらにしても、人間が何かにとらわれることによって柔軟さを失い、視野狭窄に陥ることを意味しがちである。

神学的徳の本質である「神に inhaerere すること」は、それとは正反対だ。「神に inhaerere すること」によって「神から我々に真理の認識と完全な善の獲得の双方が到来する」。つまり我々の視野と行動範囲が飛躍的に広がる。すなわち、「信仰」という神学的徳に基づいて、「神から我々に語られることが真である」と信じることによって、人間は、自らの理性のみでは獲得することができない超自然的な事柄についての認識へと心が開かれていく。「信仰は、神が我々にとって真理認識の根源である限りにおいて、人間を神へと固着させる」というのはそういう意味である。だからこそ、「信仰」は「知性」を完成させる徳であると言われる。信仰によって、人間は、この世界についての認識を飛躍的に拡大することができるからである。

それに対して、「意志」を完成させる徳である「希望」は、「意志」の対象である「善」に関わる。だが「善」であれば何でもいいのではない。「善の根源」である神のみから与えられうる「最高善」である「至福」に関わるのが、「希望」という神学的徳の特徴である。このような意味において、「至福を獲得するために、神的な助けを頼りにする限りにおいて」希望は、「我々にとって完全な善の根源であるものとしての神へと固着させる」。そして、そのことによって、我々の意志の働きの及ぶ範囲が、この感覚的世界を超えて神の至福という超感覚的世界へも及んでいくことになる。至福そのものである神という最高善の力を頼りにすることによって、神そのものである至福に到達することに望みを抱くのが希望という神学的徳である。

このように、「信仰」と「希望」という二つの神学的徳は、「人間を神に、そこから何かが我々に生じてくるところの何らかの根源に対するように固着させる」。「真理の認識」――「信仰」の場合――や「完全な善の獲得」――「希望」の場合――を得させてくれるものである限りにおける神に固着させるのが「信仰」と「希望」という二つの神学的徳の特徴なのである。

それに対して、「愛徳」は、「人間の精神を愛の情動によって神に結びつけ、人間を神に、神自身のゆえに固着させる」。何かを得ることを目的としてではなく、神自身のゆえに人間を神に固着させるのが「愛徳」という神学的徳の根本的な特徴なのだ。そして、これらすべての原点にあるのが「信仰」という第一の神学的徳なのである。

四　希望――旅する人間の自己超越

「希望」のないキリスト

トマスによると、キリストには「信仰」も「希望」も存在しなかった。貧しい大工の息子として生まれ、三十歳頃までささやかな生活を送り、その後公に始めた宗教活動も長くは続かず、逮捕され、十字架刑という最も過酷で不名誉な死を被らざるをえなかったキリストの人生には「希望」というような積極的・肯定的な要素は存在しえなかった、そしてそのような絶望的な生活を送っていたキリストは神に対する「信仰」など持つわけもなかった、とトマスは述べているのではない。正反対だ。「希望」という概念のうちには、「自分のまだ所有していないものを獲得することを期待する」という意味が含まれているが、キリストは、神学的徳としての希望の固有対象である至福という完全性を生前に既に所有していたため、「希望する」という不完全な在り方を有することはなかった。また、現世において既に顔と顔を合わせて神を見る至福直観を有していたキリストには、「信仰」という不完全な在り方は必要なかったのである。

宗教を「幻想」と見なす人々にとっては、「信仰」を抱くということは現実逃避にほかならない。苦しい今ここの現実から逃れるために、または辛うじて耐えるために、「天国の至福」といった「幻想」を仮構して自らの人生の辛い真相を見ないようにするところに宗教的信仰の本質があるという捉え方だ。だが、トマスにおける信仰や希望とはそのようなものではない。

既述のように、「信仰」とは、知性による神的真理の承認に関わる徳である。この世界の感覚的現実を正確に捉えるといった次元を超えた精神的な次元におけるより深い現実認識を獲得する出発点に立つのが、「信仰」を抱くということにほかならない。そのような「信仰」に基づいて生じてくる「希望」という「神学的徳」は、単に、現在の苦しい現実から逃避して未来に対して漠然とした「希望的観測」を抱くということではない。

そうではなく、「信仰」によって開かれてくる至福に満ちた究極的現実を根源的に肯定することによって、その「永遠の至福」という光に満ちた究極的現実が、この世界を照らし出すもう一つの光源として立ち現れてくる。「希望」という「神学的徳」を抱くということは、人間が主観的に「希望的観測」を持って生きるとか、前向きな心を持って生きる「ポジティブ・シンキング」を実践するとか、そういう類のものとは全く異なっている。主観的には開かれた見通しを持ちにくいような状況のなかにおいても、この世界に対して、そしてそのなかにおいて営まれる自らの人生に対して否定的な評価を下してしまうことなく、未来において与えられる

「永遠の至福」という最も魅力的なものに惹き付けられるような仕方で、自らの人生と自らを取り囲む世界を圧迫している様々な困難を克服していく原動力が与えられる。人間の限られた精神によってこの世界を照らし出すのみではなく、いわば、神の与える「永遠の至福」というもう一つの光源からこの世界とそのなかで営まれる自らの人生が照らし出し直されてくる。そのような在り方を可能にさせるものこそ、「希望」と呼ばれる神学的徳だ。

旅人と希望

本書における「徳」についての論述の出発点にあったのは、「現世(via)」という「道(via)」を歩む「旅人(viator)」としての人間というキリスト教的な人間観であった。そして、旅人としての人間観を最も象徴的な仕方で表現するのが「希望」という徳にほかならない。我々が旅をするとき、我々は、旅人である限り、いまだ目的地に到達していない。と同時に、我々は、旅人である限り、常に旅の目的地へと差し向けられ、方向づけられている。それと同じように、現世を歩む旅人である人間は、「道」である「現世」を歩んでいる以上、いまだ天の祖国に到達してはいない。だが、旅人である限り、常に旅の目的地である「祖国」へと方向づけられてもいる。このように考えると、「希望」という徳が、旅人としての人間にとっていかに本質的なものであるかが分かるだろう。「希望」とは、人間が人間らしく生きるためにあってもなくてもいい偶然的な付加物にすぎないようなものなのではない。人間が人間として生きるとは、「希望」を抱いて生きることにほかならないのだ。

「希望」の「自己中心的」な性格

ここで注目に値するのは、「希望」という神学的徳のいわば「自己中心的」な性格である。「徳」という言葉を耳にすると、我々はどうしても、ある種の義務や束縛のようなものをイメージしがちだ。自分の自然な欲求を我慢して、社会のルールを守り、他者の欲求を優先させるために身につけなければならない窮屈な徳目といったイメージだ。このようなイメージを前提にしてしまうと、「希望」という神学的徳の構造を的確に理解することはできない。というのも、「希望」という神学的徳によって神に固着する人、神との深い結びつきを形成する人が、そのことによって何を目指しているのかと言えば、それは、希望によって神的な助けを頼りにすることを通じて、自らの至福を獲得することだからである。ここには自己犠牲的な要素や、社会的な圧力への同調といった要素は全く見出されない。「希望」という神学的徳が「自己中心的」な性格を有しているというのはそういう意味である。もちろん「徳」である限り、悪しき意味で「自己中心的」であるはずはない。いや逆に言えば、自分の善を最優先に考えることは、けっして悪いことではないどころか、自己を大切にするという意味で、むしろ極めて自然で重要なことなのだ。ここには、人間の自然な心の動きを重んじるトマス哲学の基本的な視座が表現されている。

「希望」から「愛徳」へ

だが、話はそれで終わりになるわけではない。トマスは、『神学大全』第二部の第一部第六十二問題第四項において「信仰は希望よりも、そして希望は愛徳よりもより先であるか」という問いを立て、次のように答えている。

　感覚によってあるいは知性によって捉えられたものでなければ、欲求的運動が、希望することによって、あるいは愛することによって、何らかのものへと向かうことはありえない。ところが、知性は、信仰によって、希望するもの、そして愛するものを捉える。それゆえ、生成の順序に基づくと、信仰が希望と愛徳に先行するのでなければならない。同様に、人はあるものを自分の善として捉えることに基づいてそのものを愛する。ところで、何者かから善を獲得することができると人が希望を抱くことによって、人はその希望をかけている者を、何らかの自分の善と見なす。それゆえ、人が何者かに希望をかけるというまさにそのことに基づいて、人はその者を愛することへと進んでいくのである。

このテクストにおいてトマスが述べていることは、大きく前半と後半に分けることができる。前半においては、「知性」を基体とする神学的徳である「信仰」と、「意志」を基体とする神学的徳である「希望」および「愛徳」との区別について語られている。ここで述べられていることは、トマスのテクストの様々な箇所で言及されている「認識されていないものは欲求されることがない」という根本原理の応用と言うことができる。「認識されていないものは欲求されることがない」というのは、それほど難しい原理ではない。たとえば「パンダ」という動物が存在することを知らなければ（認識していなければ）、「パンダ」を見に行きたいという欲求は生まれてこない。子供がパンダを見に行きたくなるのは、パンダの存在を知っているからだ。哲学の根本原理がたいていそうであるように、ある意味当たり前の話である。人間と神との関係について言えば、人間が神の存在を感知し認識するのは「信仰」に基づいてなのであるから、神に対して希望と愛徳を抱くという欲求の運動が生まれてくる前に、まずは「知性」の働きである「信仰」によってその存在を捉えておく必要があるとトマスは述べているのだ。

後半で述べられていることはさらに興味深い。トマスは、希望について述べているテクストの様々な箇所において、「何かを希望すること」と「誰かに希望すること」とを区別している。我々が希望を持つとき、希望は大きく分けて二つの事柄に関わっている。すなわち、「難関大学に合格することを希望する」「遭難した山から無事に帰還できる希望を捨てない」というように、希望は、まず、その対象となる何らかの事柄に関わる。だが、それだけではなく、希望は、その者の助けによって希望の対象が獲得されうる「誰か」にも関わる。自分だけの力では遭難した山から帰還することはできないので、はぐれた友達の助けのみが希望のよすがだという場合のように。右記のテクストでトマスが言及しているのは、この後者のケースだ。

ここでトマスは「誰か」という言葉を非常に一般的な仕方で用いているが、トマスがここで語りたい「何者か」とは、もちろん、神のことである。人間は、「完全な幸福」すなわち「至福」を「自分の善」として捉え、その善を愛し求める。そして、自分の力のみでは至福を獲得することはできないが、神が助けてくれれば至福へと至ることができるかもしれないと、神に希望をかけるようになる。このとき、人は、完全に自己中心的とまでは言わないにしても、関心の焦点は、「自分の善」である「至福」のうちにある。神についての関心は、二次的なものだ。自らが至福を獲得するための「手段」と言ったら言い過ぎだが、自らにとって切実な「至福」を獲得するための「協力者」として神にも関心があるという在り方だ。

だが、話はこれで終わりではない。もともとの関心の中心は、「至福」のうちにこそあったが、その「至福」を獲得するための頼りになる「協力者」である神自身を、人間は「自分の善」とみなすようになる。「至福」を獲得するための単なる都合のいい存在ではなく、神が愛の対象になっていく。すなわち、「愛徳」が形成されていくことになるのだ。

自己超越の原理としての希望

ここでトマスが述べている神学的徳の動的な発展の構造は大変興味深いものだ。「自分の善」としての「至福」に関心を抱いている人間が、特に外部から強制されるわけでもなく、「自分の善」としての「至福」を獲得するための不可欠な助け手である神に「希望」をかけていく自発的な心の動きのなかで、自ずと、自分のことだけではなく、助け手である神自身へと関心の焦点が広がり始め、心が開かれていく。だからこそトマスは次のように述べているのである。

> 希望が人を神へと向わせるのは、到達すべき究極的善、そして助けを与える実行力のある何らかの扶助者に対する仕方においてである。他方、愛徳は、本来的には、人間の情動を神に一致させることによって、人間を神へと向かわせるのであり、そうした仕方で人間は自己のためではなく神のために生きるようになるのである。（II-II, q.17, a.6, ad 3）

希望という神学的徳は、境界に関わる徳と言うことができる。それは、現世という旅路と天国という祖国との境界を移行することに関わる徳でもあるし、また「信仰」という神学的徳の出発点から、「愛徳」という最終的な到達点へと至る境界に存在する徳と言うこともできる。人間が「自己の善」を求めて真摯に生きること自体のなかから、自ずと、「自己のため」という視野狭窄的な在り方を超えたより開かれた在り方が自己超越的な仕方で育まれてくるのであり、こうした仕方で境界を架橋していく徳こそ、希望という神学的徳にほかならない。

「絶望」という危険

「希望」に対立する悪徳は「絶望」であるが、これは人生の基盤を根底から揺るがす可能性を秘めた危険な悪徳である。トマスは『神学大全』第二部の第二部第二十問題第三項において、「絶望は諸々の罪のうちの最大のものであるか」という問いを立て、次のように述べている。

我々の側から絶望が他の二つの罪〔不信仰と神への憎しみ〕と比較されるならば、絶望の方がより危険である。というのも、希望によって我々は悪から呼び戻されて善を追求することへと導き入れられるのであるから、希望が取り去られると、人々は抑制なく諸々の悪徳へと滑り落ち、善き業から引き離されるからである。

トマスによると、「希望」とは、「困難ではあるが、自らによってまたは他者を通じて〔獲得〕

可能な善」に関わるものである。困難ではあっても、自らが熱望している善が獲得可能と見なすことができれば、人はその大きな善への強烈な欲求を支えにしながら、悪徳を抑制し、善の獲得へと全精力を傾注していくことができる。だが、それがいかにしても獲得可能ではないと見なされたり、またはそもそもそれが善と見なされないようになってしまえば、「希望」は失われてしまう。この後者のケースについてトマスは次のように述べている。

諸々の精神的・霊的な善(bona spirituali)が我々にとって善きものとしての味わいを失い、あるいは我々にとって大いなる善とは思われなくなるのは、主に我々の情動が肉体的快楽――そのなかで主要なのは性的快楽である――への愛に毒されてしまうことによる。というのも、これらの快楽への愛着に基づいて、人が霊的な善を忌み嫌い、それらをいわば何らかの困難な善として希望することがなくなる、ということが起こるのだからである。絶望が肉欲によって引き起こされるのはこのような意味においてである。(II-II, q.20, a.4)

このテクストにおいては、前章において述べた不節制という悪徳と絶望という神学的な悪徳との興味深い連関が見出されている。また、これまた既に述べた情動と味覚のテーマとの連続性も見出される。肉欲的な悪徳が悪徳であるゆえんは、その欲求対象が悪であるという点にあるのではなく、それがより大きな善――理性的存在である人間にとって本質的な意味を持つ精神的・霊的な善――の味わいを適切に味わう力を失わせてしまうところにあるのだ。

ここから分かるのは、節制という枢要徳の有無と、希望という神学的徳の有無とは、区別はできるが切り離すことはできないものだという事実である。我々は、一つの徳を身につけることによって、他の徳も身につきやすくなるという好循環に入っていくこともできるし、一つの悪徳が身についてしまうことによって、他の悪徳も身につきやすくなってしまうという悪循環に入ってしまう危険性もある。今ここで何を選び徳に近づくのか悪徳に近づくのかということが、人生全体において、加速度的に大きな波及効果を持ってくるのである。

信仰と希望の完全性と不完全性

前述のように、顔と顔を合わせて神を見る至福直観を現世において既に有していたキリストは、対神徳としての「信仰」や「希望」を有してはいなかった。というのも、キリストは、現世において既に神のことを熟知していたため、「信仰」という不完全な認識を持つ必要はなかったからである。また、キリストは現世において既に完全な至福を有していたため、至福を将来に「希望」する必要もなかった。完全な存在であるキリストには、「信仰」や「希望」という不完全な在り方は必要なかったのである。

だが、こうしたキリストの在り方を、不完全な存在である我々がそのまま模倣したら、理性による把握を超えた神は、完全に人間の認識の及ぶ領域の外に留まることになってしまうだろう。日常的な事柄において他者の証言を「信じること」の積極的な意義を思い出してみよう。信じることによる認識は、あくまでも間接的で不確実なものに留まらざるをえない。だが、そうした不完全な認識をすべて捨て去ってしまえば、我々の認識はもっと不完全になってしまわざるをえない。「信じる」という不完全な認識を持つことによってこの世界の真相に近づくことは、何の認識も持たないよりも遥かに優れたことなのだ。信じることが与えてくれる「完全性」がそこにはある。

宗教的な信仰についても話は同様だ。信仰という在り方にはどうしてもある種の不完全性がつきまとうが、同時に、そうした不完全な信仰という在り方によってこそ近づきうるこの世界の真相がある。希望についても話は同様だ。絶対に確実だと理性で証明できるわけではないが、信じることによってこそ開かれてくる大いなる希望の世界があり、それが人生を前向きに受けとめ直す原動力となる。こうした仕方で「完全性」と「不完全性」が絶妙に織りなされている在り方のうちにこそ、信仰と希望という神学的徳の本質が見出されるのである。

第四章　肯定の原理としての愛徳

一　神と人間との友愛としての愛徳

「愛徳」という言葉

「愛徳(caritas)」とは、一般的には馴染みのない日本語だろう。だがカトリック教会においては、戦前から長らく使われてきた言葉である。一時的で流動的な「感情」としての愛ではなく、持続的で安定した神学的徳としての愛を表現するのに用いられる日本語だ。caritasというラテン語は英語のcharityという語の語源にあたる。チャリティーという語は、現在では、社会的な慈善活動を意味することが多いが、もとのラテン語は遥かに豊かな広がりを有する神学的な概念である。トマスは、おそらく、歴史上のすべての哲学者のなかで、最も体系的な愛についての理論を構築した人物と言って間違いない。本章においては、膨大な愛徳論の中核部分を取り出し、分析を進めていきたい。なお、以下、行論の必要性から、caritasという語には、「愛徳」「愛」という日本語訳と、「カリタス」という表記の双方を併用していくことをおことわりしておきたい。

自己愛と隣人愛

「献身的で自己犠牲的な隣人愛の教え」というキリスト教に対して多くの人が抱いている通念を前提にすると、トマスはかなり意外なことを述べている。それは、自己愛の隣人愛に対する優位というトマスの基本的な見解だ。彼は、『神学大全』第二部の第二部第二十五問題第四項「人は自己自身を愛徳に基づいて愛するべきであるか」において次のように述べている。

友愛は、固有な意味においては、自己自身に対して持たれることはなく、〔自己自身に対する愛は〕友愛よりもより大いなる何ものかである。なぜならば、友愛は何らかの一致（unio）を含意しているが――というのも、ディオニシウスが述べているように愛は「一致させる力（virtus unitiva）」だからである――各々の人間は、自己自身に対して、一であること・一性（unitas）を有しているのであり、一であることは一致よりもより強力であるからである。それゆえ、一であることが一致の根源であるように、人がそれでもって自己自身を愛するところの愛が友愛の形相であり根拠である。というのも、我々が他者に対して友愛を有するのは、彼らに対して我々が我々自身に対するような態度を取るということにおいてだからである。

「マタイ福音書」第二十二章第三十九節のなかには、「あなたの隣人をあなた自身のように愛しなさい」というイエスの有名な言葉がある。この言葉は、単に隣人愛の重要性を述べているだけのものではない。隣人愛と自己愛との関係を語っている言葉として理解できる。このイエスの言葉は、隣人愛のモデルとしての自己愛の役割を浮き彫りにしている言葉なのだ。

ここで興味深いのは、トマスが、「一致（unio《ウーニオー》）」と「一性（unitas《ウーニタース》）」という存在論的な概念を絶妙な仕方で使用しながら、隣人愛と自己愛の関係性を考察しようとしている点である。「一致」と訳したunioというラテン語は、unionという英語の語源ともなる語であるが、別々のものが、何らかの点において、調和的な仕方で緊密に結びつくことを意味する。友愛が「一致」を含意するというのはどういう意味かというと、人が友愛を誰かに対して抱くと、その人との深い結びつきが形成されてくるという意味である。だが、どれだけ深い結びつきが形成されてこようとも、相手と自分との区別が消去されるようなことはない。「一致」とは、別々のものが、別々のものに留まりながら、深い関わりを形成することを意味するのだ。

友愛を抱くということ、すなわち誰かの友人になるということは、我々の抱く様々な人間関係のなかでも、極めて深い結びつきを形成することだと言える。誰かの友人になるということは、長い時間をかけて初めて可能になるものだ。だが、そのような仕方で深い絆を形成している友人との強い結びつきでさえ及びもつかないほどに強い結びつきのなかに我々一人一人が生きているものがある。言うまでもなく、我々自身のことだ。

どれだけ親しい友人であれ、いつかは結びつきが希薄になってしまうことがあるかもしれない。また、親しい結びつきが持続している時期であっても、四六時中一緒にいるわけにはいかない。それに対して、私がどこに行こうと、私は私自身から離れることはできない。いつでもどこでも私は私自身であらざるをえない。「各々の人間は、自己自身に対して、一であること・一性(unitas)を有している」とはそういう意味だ。ここで「一であること・一性」と訳したunitasというラテン語は、unityという英語の語源ともなる語であるが、何らかのものがそのもの自身であること、そのものとしての確固とした一なるまとまりを有していることを意味している。

たとえば、何らかの電源プラグを壁のコンセントに差すさいに、うまくいくために必要なのは、単に、電源プラグの形状とコンセントの形状とがきちんと対応していることのみではない。たとえ両者の形状が対応していたとしても、電源プラグが電源プラグとしての確固とした一なるまとまりを欠いていたとしたならば、またはコンセントがコンセントとしての確固とした一なるまとまりを欠いていたとしたならば、両者の「一致」は不安定なものとならざるをえないだろう。少し何かを差しただけでヒビが入ってしまうようなもろいまとまりしか有していないコンセントだとすれば、電源プラグとの「一致」を安定的に維持することはできない。「一であることが一致の根源である」とトマスが述べているのはそのような意味だ。

人間関係においても同様のことが言える。各人が自己自身に対して有している「一であること・一性」の在り方は一様ではない。自分が自分であることを自然に受け入れ、自己自身を愛している人もいれば、自分が自分であることを受け入れることができずに、自己嫌悪を抱きながら日々を送り続けている人もいる。そして、確固とした自己愛——自己自身との「一であること・一性」——を有している人同士であれば、安定した密接な関係——「一致」——を形成しやすいが、不安定な自己を有している人同士では、その相互関係も不安定なものとなりがちであろう。だからトマスは、「一であることが一致の根源であるように、人がそれでもって自己自身を愛するところの愛が友愛の形相であり根拠である」と述べているのである。

神と人間との友愛

このような観点から、ときに、「トマスは愛の根源に自己愛を置いた」と主張されることがある。それは完全に間違いではないが、一面的だ。トマスによると、愛徳の運動の根源は「自己」ではなく「神」だからである。トマスは『神学大全』第二部の第二部第二十三問題第一項「愛徳は友愛であるか」において次のように述べている。

> 神が自らの至福を我々に分かち与えてくださる(communicare)ことに基づいて、人間の神に対する何らかの交流・分かち合い(communicatio)が存在するのであるから、この分かち合いの上に何らかの友愛が基礎づけられるのでなければならない。この分かち合いについては、「コリントの信徒への第一の手紙」第一章〔第九節〕において、「神は真実なお方であり、この方によってあなた方はその御子〔キリスト〕との交わりへと召されたのである」と述べられている。ところで、こうした交わり・分かち合いに基づいた愛とは愛徳である。それゆえ、愛徳が神に対する人間の何らかの友愛であることは明白である。

このテクストにおいて「分かち与える」と訳したcommunicare《コムーニカーレ》という動詞や、「交流」「分かち合い」と訳したcommunicatio《コムーニカーチオー》という名詞は、トマスの思想体系全体において極めて重要な役割を果たしている。この言葉は、非常に豊かで動的な意味の広がりを有している。このテクストに基づいて言うと、まず神がイニシアティブを取って自らの存在の充実を人間に無償の仕方で分かち与えてくださる。そうすると、その結果として、有限な人間と無限な神という果てしなく距離のあるはずの二つのもののあいだに、communicatio すなわち交流・共有・分かち合いが生まれてきて、密接な関係が成立し始めるのだ。

ここで注目すべきことは、神が我々に分かち与えるものが「自らの至福」と言われている点である。何かを「共有」することが「友愛」が成立し持続するための基本的な条件だと考える点において、トマスは、アリストテレスが『ニコマコス倫理学』の第八巻と第九巻で展開している友愛論の深い影響を受けている。アリストテレスにおいては、共有されるものは、何らかの利益や快楽、趣味趣向、性格など多様なものが考えられている。トマスにおいては、人間と神とのあいだに「至福」の共有に基づいた「友愛」がありうるとされているところに、キリスト教神学に固有な特徴が見出される。

我々が神を求めたり宗教に入信したりすることについて考察するさいの通念の一つに、人間は自らの幸福や安心を得るために宗教や絶対者を求めるというものがある。他方、我々は、その人間の求める絶対者自体が幸福な存在であるか否かということを問題にすることはあまりないのではないだろうか。「天照大神の幸福」とか、「大日如来の幸福」というような表現を眼にしたことのある人はほとんどいないと言っても過言ではないだろう。他方、トマスにとって、「至福」だということは、キリスト教の神の最も基本的な特徴の一つなのである。

神は何一つ欠けることのない充実した存在であり、自己充足した存在であり、その意味で最高度に幸福な存在、すなわち至福な存在である。だがそのことは、神が悪しき意味で自足した、すなわち自己満足した閉鎖的な存在であるということを意味しない。真相は正反対だ。神は、あまりにも豊かさに満ち溢れた存在であるので、自らの豊かさを自己自身で独占するなどということはなく、その豊かさを他のものにも惜しみなく分かち与えていく。熱と光に充ち満ちた太陽が、自らの熱や光を独占することなく、自ずと他の諸事物にも分かち与えていくように。そして滾々《こんこん》と湧き出る泉が、湧き出る水を独占することなく、自ずと周囲の諸事物をも潤していくように。

キリスト教的な世界観に基づいて言うならば、人間一人一人の存在そのものが、万物の創造主である神から与えられたものである。自分の存在の全体が、神から与えられたものだ。それは、神の豊かな存在から分かち与えられた贈り物である。だが、神から人間への贈り物は、それに尽きるものではない。神は、存在のみではなく、自らの至福をも、人間に分かち与えてくるとトマスは述べているのである。

ここで、「神が至福を我々に分かち与えてくださる」というトマスの言明を、あたかも神が「至福」というものを人間に外からプレゼントする、または安楽に満ちた楽園に連れて行ってくれるというようなイメージで考えるならば、トマスの真意を大きく捉え損なうことになるだろう。そうではなく、人間が神の至福に分け与《あずか》ること、人間が神の至福を共有すること、神の至福に分け与ることができるほどまでに人間存在全体が内的に高められ変容させられていくこと、そのような大胆なことをトマスはこのテクストにおいて述べようとしているのである。「分かち与える」とだけ訳すと、あたかも自分の持っているものを他者に与えるというニュアンスが強くなるが、communicare という語の意味の広がりはそれに尽きない。この語は、「伝達する」「共有する」というような意味をも孕み持っているのだ。すなわち、神が人間に自らの至福を分かち与え、その結果人間が神の至福を能動的に共有するようになるという一連の動的な事態の全体を、この communicare という語は意味している。

キリスト教において神への「信仰」ということが問題になるさい、それは、単に、この世における受験や就職や恋愛といった諸々の出来事において、事がうまく運ぶように力を貸してくれる神の存在を、半分気休めのような仕方で信じるというようなことに尽きるわけではない。「苦しい時の神頼み」というような仕方で、様々な難局を乗り切るための心の支えのようなものに還元されるのでもない。神が自らの至福を人間に分かち与えて永遠に共有してくれるという究極的な人間肯定とも言うべき驚くべき恵みを信じるかどうかという決定的な選択が、「信仰」を持つか否かという場面で問われていることになるのである。

アリストテレスの神とキリスト教の神

人間と神との友愛という発想は、アリストテレスには欠落していたものである。神と人間のように大きくかけ離れた者同士のあいだには、何かを相互に共有するということが起こり難いとアリストテレスは考えたからである(『ニコマコス倫理学』第八巻第七章 1158b35-36)。

友愛についての基本的な見解を共有していながら、人間と神との間の友愛の成立可能性というテーマについて、なぜトマスとアリストテレスはここまで対極的な見解を有することになったのであろうか。その理由は明快である。それはひとえに両者の神観の相違に基づいている。

アリストテレスが『形而上学』第十二巻などにおいて言及している「神(θεός《テオス》)」は、宗教的な信仰の対象というよりは、宇宙の運動の第一原因として特徴づけられるものであり、自らは何ものによっても動かされずに他のものを動かす「不動の動者」であった。天界の果てにあって、宇宙万物の運動を開始させる第一の原因として想定される遥か彼方の存在であった。

他方、トマスのキリスト教的な神は、そのような「不動の動者」に留まるものではない。いわば神の方からこの世界に降《くだ》ってきて、人間との積極的な交流を求める、そのような神がトマスのキリスト教的な神なのだ。ユダヤ教の神学者であるアブラハム・ヘシェル(一九〇七―七二)は、『人間を求める神』という名著を著し、聖書(旧約聖書)においては、人間の方が自らの幸福や安心のために神を求めるのではなく、神の方からイニシアティブを取って人間に近づき、関係構築を追い求めてくるのだと述べ、こうした神観を、古代ギリシア思想には見出されない聖書固有のものと位置づけた。こうした神観は、旧約のみではなく新約聖書をも貫いているものだ。その限りにおいて、キリスト教の神学者であるトマスもまた、「人間を求める神」というヘシェル的な神観を共有している。こうした聖書的な神観に依拠しているからこそ、トマスは、哲学者アリストテレスが語りえなかった神と人間との友愛としての愛徳(caritas)というものを語り明かすことができたのであり、それは、アリストテレスには見出されない、神の側からの至福の「分かち与え・共有(communicatio)」という発想に基づいているのである。

二　「神からのカリタス」と「神へのカリタス」

神のカリタスの二義性

「友愛」というものは相互的なものだ。「愛徳(caritas)」が「神と人間との友愛」である以上、当然、そこには双方向性がある。そのような観点から、トマスは、「神のカリタス(caritas Dei)」という言葉の意味を次のように分析している。

「神のカリタス(caritas Dei)」は、二通りの仕方で理解することができる。第一の仕方によると、それによって神が我々を愛するところのカリタスとして理解することができる。〔……〕もう一つの仕方によると、我々がそれによって神を愛するところのものが神のカリタスと言われうる。〔……〕そして我々が神を愛するということは、神が我々を愛していることの徴(signum)なのである。(『ローマの信徒への手紙註解』第五章第一講)

ここまで「愛徳」と訳してきたcaritasというラテン語を、ここでは日本語に訳すことをせずにあえて「カリタス」と片仮名で表記したことには理由がある。実は、以下に述べるように、「愛徳」という訳語は、ラテン語のcaritasに一対一で対応させることは困難な日本語なのだ。

このテクストは、「神の愛(caritas Dei)は、我々に与えられた聖霊によって、我々の心に注がれている」という『ローマの信徒への手紙』第五章第五節に対するトマスの註解である。この註解の意味を理解するためには、ラテン語についてのある程度の理解が必要となる。

caritas Deiという語句は、caritasという名詞とDeusという名詞から成る名詞句である。caritasは「愛」を意味する語であり、主格になっている。それに対して、Deiは、「神」を意味するDeusの属格だ。属格は、英語で言えば所有格に当たる。「……の」を意味する格である。それゆえ、caritas Deiは「神の愛」を意味する名詞句になる。問題はここからだ。

属格には、大きく分けて、「主格的属格」と「対格的属格」がある。主格的属格とは、主格的な仕方で機能する属格という意味である。「神の愛」の「神の」を主格的属格で取る場合には、「神が我々を愛する愛(神からの愛)」という意味になる。それに対して、対格的属格とは、対格的な仕方で機能する属格という意味である。対格は、英語で言えば目的格に当たる。「……を」を意味する格だ。「神の愛」の「神の」を対格的属格で取る場合には、「我々が神を愛する愛(神への愛)」という意味になる。「神の愛」という名詞句をどちらの意味で理解すべきかということを問題にしつつ、両方が含まれていると答えているのが右記のテクストだ。

だが、このテクストの述べていることは、「神の愛」という名詞句を二通りの仕方で理解することができるという事実のみではない。注目に値するのは、「我々が神を愛するということは、神が我々を愛していることの徴なのである」という末尾の部分である。「我々が神を愛する愛(神への愛)」は「神が我々を愛する愛(神からの愛)」の「徴」だとトマスは述べていることになるが、それはどういう意味なのだろうか。

我々が神を愛し、その掟に従うから、その御褒美として神が我々を愛してくれるというのであれば、「神への愛」は「神からの愛」の「原因」にはなるだろうが、「徴」にはならないだろう。何かが何かの「徴」になるというのは、たとえば、煙が火の徴になるといった事例のように、煙があるということが、その近くに火があることを指し示しているというような場合だ。それと同じように、「神への愛」が「神からの愛」の「徴」だというのは、「神への愛」があるということが、「神からの愛」の存在を暗示するものになっているという意味である。「神の愛《カリタス》」という語句には二通りの意味があるが、そこには明確な秩序がある。まず、「神が我々を愛する愛（神からの愛）」が我々人間に注がれる。そして、そのような愛を受け取った人間が、自らを無償の仕方で愛してくれた神を愛し返していく、すなわち、「我々が神を愛する愛（神への愛）」を発動させていく。だから、「我々が神を愛する愛（神への愛）」は「神が我々を愛する愛（神からの愛）」の「徴」たりうるのだ。

ここにおいて、「我々が神を愛する愛（神への愛）」のことを、「徳」としての「愛」すなわち「愛徳」という日本語で訳すのは適切だろうが、「神が我々を愛する愛（神からの愛）」のことは、「愛徳」とは訳しにくい。それは、人間が抱く「徳」ではないからである。カリタスを単に「愛」と訳す選択肢は悪くないが、「愛」と訳すべき他の重要語彙である amor《アモル》や dilectio《ディレクチオー》――これらの語は特に神学的な意味の限定のないより一般的な愛全般を意味する――との訳し分けを考えると、「愛」と訳して一貫させるのも難しい。文脈に応じて訳し分けつつ、説明を加味するのが最も適切なやり方と言えよう。

ペトルス・ロンバルドゥスの立場

両方向の「神のカリタス」は、密接に繋がったものであるとはいえ、厳密に区別する必要があるものである。何よりもまず、愛を抱く主体が異なっている。なぜならば、「神が我々を愛する愛(神からの愛)」を抱くのは神であり、「我々が神を愛する愛(神への愛)」を抱くのは一人一人の人間だからである。このことは、一見自明なことのようにも思われる。だが、トマスの時代のスコラ学の議論の文脈においては、けっして自明のことではなかった。トマスは『神学大全』第二部の第二部第二十三問題第二項において、「カリタスは霊魂のうちに創造されたあるものであるか」という問いを立て、次のように述べている。

ペトルス・ロンバルドゥスは『命題集』第一巻第十七区分においてこの問題について精査し、カリタスは霊魂のうちに創造されたあるものではなく、精神のうちに住みたもう聖霊そのものである、と述べている。彼はそこで、我々が神を愛するさいの当の愛の運動が聖霊そのものであると主張するのではなく、むしろ他の諸々の有徳な行為が他の諸々の徳の習慣(habitus)——たとえば希望、信仰あるいは他の何らかの徳の習慣——を介して聖霊から由来するのとは違い、この愛の運動は何らの習慣も介しないで聖霊から来るものである、というのが彼の真意である。そして、彼はカリタスの卓越性ゆえにこのことを主張した。だが正しく考えてみると、これはむしろカリタスを損なうことへと波及する。

ペトルス・ロンバルドゥス(一〇九五頃―一一六〇)の名前は、一般には認知度は極めて低いであろう。だがスコラ学にとっては最重要人物の一人である。聖書と教父に依拠した体系的神学書である『命題集』は、トマスよりも一世代上の神学者であるヘールズのアレクサンデル(一一八五頃―一二四五)がパリ大学神学部において一二二二年頃に教科書として使用するようになって以来、諸大学で教科書として用いられるようになった。以後、大学における神学教育はこの『命題集』に基づいて行われるようになった。この著作は、アウグスティヌスに代表される権威あるキリスト教著作家たちの諸々の見解・命題(sententia《センテンティア》)を、三位一体論、創造論、原罪論、受肉論、救済論、終末論といったテーマごとに集大成したものであった。

　トマスも若き日に『命題集』に基づいて講義を行い、その講義に基づいた『命題集註解』を著してもいる。トマスの『神学大全』は、ロンバルドゥスの『命題集』に取って代わる神学の教科書たることを目指して執筆されたものであるが、その目論見が実現するには、トマスの死後数百年の時間が必要であった。十六世紀に、近代国際法理論の創始者の一人であるフランシスコ・ビトリア(一四八三頃―一五四六)がサラマンカ大学の神学部においてトマスの『神学大全』を教科書として用いるようになって以来、ようやくトマスはロンバルドゥスを凌駕する影響力を徐々に持つようになっていったのである。

トマスのロンバルドゥス批判

神学界の大立者であるロンバルドゥスのカリタスに関する見解に対して、トマスは明確な反対意見を述べている。その出発点にあたるのが右記の引用である。このテクストにおいては、「カリタスは霊魂のうちに創造されたあるものである」という見解と「カリタスは精神のうちに住みたもう聖霊そのものである」という見解とが対比されたうえで、後者の見解がロンバルドゥスの見解として紹介されている。

この対比は少し難解な印象を与えるかもしれないが、実際にはそれほど複雑な話ではない。単純化して言えば、「カリタスは霊魂のうちに創造されたあるものである」という見解は、カリタスは徳だという見解であり、「カリタスは精神のうちに住みたもう聖霊そのものである」という見解は、カリタスは徳ではないという見解だということになる。

まずは、「カリタスは精神のうちに住みたもう聖霊そのものである」という見解から見てみよう。「聖霊」とは、「父なる神」と「子なる神（キリスト）」と並ぶ神の「位格《いかく》」の一つであり、「聖霊なる神」と言われることもある。「子なる神」のように人間（キリスト）となってこの世界に目に見える仕方で現れることはないが、人間の心の奥深くにおいて働き、人間が善い在り方をすることができるように導く存在である。人間が神を愛し、また隣人を愛するとき、そのような愛の働きは、聖霊の促しによって直接的に動かされることによって生まれてきているというのがロンバルドゥスの見解だとトマスは解釈している。

人間の行為が神の働きかけと一体化しているようなこのような在り方は、一見、神に従う人間の理想的な在り方に見えるかもしれない。だが、ロンバルドゥスの意図に反して、この見解はむしろカリタスの卓越性を弱めることになってしまうとトマスは述べている。なぜかと言えば、「愛はその本質からして意志の働きであることを含意している」のに、ロンバルドゥスの見解のように、「人間精神は単に動かされるのみで、いかなる意味においてもこの（カリタスの）運動の根源ではない」といった仕方で聖霊によって動かされるのであれば、人間はいわば聖霊の操り人形のようになってしまい、そのような主体性・自立性のないところに、真の意味での愛を語る余地はなくなってしまうからである（II-II, q.23, a.2）。このような見解を取る場合には、「神が我々を愛する愛（神からの愛）」と「我々が神を愛する愛（神への愛）」との区別はほとんど意味がなくなる。人間は、いわば、神のカリタスが吹き抜けていく通路のようなものになってしまうからだ。「我々が神を愛する愛（神への愛）」といっても、実際には、「我々」という主語は空無化されており、愛する人間の自発性は奪われてしまっている。そして、自発性のない愛など「愛」と呼ぶに値しない以上、ロンバルドゥスの見解は、カリタスのカリタスたるゆえんを否定するものになってしまっていると言わざるをえないのである。

ロンバルドゥスとアウグスティヌス

トマスは、このような仕方でロンバルドゥスの見解を批判してから、自らの立場を次のような凝縮された表現で述べている。

〔人間の〕意志は愛する働きへと聖霊によって次のような仕方で、つまり意志自身もまたこの働きを生ぜしめるものである、という仕方で動かされるのでなければならない。（同前）

このテクストを解釈するにあたって注意しなければならないのは、トマスは、人間の意志が聖霊によって動かされることを全く否定していないという事実である。ロンバルドゥスの見解とトマスの見解の相違は、聖霊によって動かされることを認めるか否かという点にあるのではない。そうではなく、決定的な相違は、人間の意志自身がカリタスの運動において果たす自律的で積極的な役割を認めるか否かという点にあるのである。我々は、「動かされる」と言われると、「一方的に動かされる」ということをイメージしやすい。だが、トマスは、カリタスの運動においては、「意志自身もまたこの働きを生ぜしめるものである、という仕方で動かされる」と実に微妙な次元で事柄をおさえようとしている。トマスは次のように述べている。

神の本質そのものがカリタスなのである。ちょうど、それがまた知恵でもあり、善性でもあるように。それゆえ、神であるところの善性によって我々が善い者と言われ、また神であるところの知恵によって知恵ある者と言われるように——なぜなら、それによって我々が形相的に善い者であるところの善性は神的な善性のある分有であり、またそれによって我々が形相的に知恵ある者であるところの知恵は神的な知恵のある分有であるから——そのようにまた、それによって我々が形相的に(formaliter)隣人を愛するところのカリタスは神的なカリタスのある分有(participatio)なのである。じっさい、こうした語り方はプラトン学派においてよく行われているところであって、アウグスティヌスはこの学派の教説に浸透されていた。このことに注意を払わない人々は、彼の言葉から、過ちを犯す機会を受け取ってしまったのである。(II-II, q.23, a.2, ad 1)

この引用の末尾において突然アウグスティヌスが出てくるのは、この引用が「異論解答」からのものであり、対応する「異論」においてアウグスティヌスからの引用が二つ行われているからだ。その引用は、いずれも『三位一体論』からのものであり、「隣人を愛する者は、結果として、愛それ自体を愛することになる」(第八巻第七章)というものと、「神は霊であると言われたのと同じ仕方で、神はカリタスであると言われたのである」(第十五巻第十七章)というものである。そして、これら二つの引用は、実は、ロンバルドゥスが右記の見解を展開している『命題集』の該当箇所においても引用され、考察の手がかりとされているものである。

このテクストにおいてトマスが示そうとしていることは、アウグスティヌスを的確な仕方で読めば、「カリタスは精神のうちに住みたもう聖霊そのものである」というロンバルドゥスのような見解は帰結しないということだ。そこで鍵になるのは「分有(participatio《パルティキパーチオー》)」という概念である。トマスは、このテクストにおいて、アウグスティヌスにおけるプラトン学派の根強い影響に着目する必要があると述べているが、そう語っているトマス自身の哲学・思想体系においても、プラトン学派に由来する分有概念は極めて重要な役割を担っている。

「分有」とは

「分有」ということが語られるのは、何らかの「完全性(perfectio《ペルフェクチオー》)」が問題になる文脈においてである。「分有」と訳した participatio という語は、「分け与ること」とか「参画すること」と訳すこともできる。「分有するもの」が「分有されるもの」の「完全性」に「分け与る」または「参画する」というのが「分有」の基本構造である。そのさい、「分有するもの」は有限的な存在者であり、「分有されるもの」は、無限な存在である神そのもの、または、神の何らかの属性である。そして、有限的な存在者において実現している何らかの「完全性」が、無限な存在である神のうちにおいて無制約的な仕方で実現しているその「完全性」の充満に由来し依存する仕方で実現しているときに、前者の「完全性」が後者の「完全性」を分有している、と言われる。

ここで注意しなければならないのは、有限的な存在者(神以外のあらゆる被造物)において実現している「完全性」は、有限なものである限りにおいて、「限定された完全性」ではあるとしても、「不完全」なものではないということだ。人間の有している知恵は有限なものであり、その意味において、神の無限の知恵と比べれば、「限定された完全性」と言わざるをえない。だが、だからといって、人間が「知恵」を有しているということ自体のうちには、何の「不完全性」もありはしない。「知恵」を有していない状態と比べれば、「知恵」を有している状態が完全な状態であるということは自明であろう。一言で言えば、「分有」とは、「有限な完全性」が「無限な完全性」に依存し由来し、その「無限な完全性」を限定された仕方で実現しているという在り方を剔抉《てっけつ》したものにほかならない。

行為の原理としての形相

前掲の「分有」についてのテクストは、カリタスの問題に分有論を応用としたものと言える。

「それによって我々が形相的に(formaliter)隣人を愛するところのカリタス」という表現は、我々が隣人を愛する行為の根源にある「形相《けいそう》(forma《フォルマ》)」として「カリタス」を捉えたものである。ここで使われている「形相」という言葉の意味を捉える手がかりになるのは、前掲のロンバルドゥス批判のテクストに続けて語られているトマスの次のテクストである。

いかなる行為も、行為の根源・原理(principium)である何らかの形相(forma)によって、ある能動的能力に対して親和的(connaturalis)であるのでなかったら、その能動的能力によって完全な仕方で生ぜしめられることはない。それゆえ、万物をふさわしい目的へと動かす神は、それぞれのものに形相――それによって、ものは神によって自らに定められた目的へと傾かされる――を賦与したのである。そして、「知恵の書」第八章〔第一節〕において述べられているように、このような仕方で、神は「万物を甘美な仕方で秩序づけたもう」のである。ところが、カリタスの行為が意志の能力の自然本性を超えていることは明白である。それゆえ、それによって〔意志が〕愛の働きへと傾かされるようなある形相が〔意志の〕自然本性的能力に付加されるのでなかったならば、その働きは諸々の自然本性的な行為、および他の諸々の徳の行為よりも不完全であり、また容易で喜ばしい行為とはならなかったであろう。(II-II, q.23, a.2)

いささか難解なテクストなので、丁寧に説明してみよう。まず冒頭の一文が難解だが、逆にこの一文が分かれば、この引用の大半は分かったとも言える。この一文は、第二章において分析した「節制」という徳を具体例として考えてみると分かりやすい。普段は不節制な在り方をしている人であっても、時と場合によっては節制ある行為をすることがあるかもしれない。暴飲暴食を繰り返している人が、健康診断の結果を見て愕然として、思い立って節食しようと試みるときのように。その人は、実際に何日間か、暴飲暴食を控えることができるかもしれない。だが、長年馴染んできた晩酌やスイーツを控えることは彼に苦痛と物足りなさを与えるだろうし、何日か経てば、反動でより極端な仕方で暴飲暴食に戻ってしまうかもしれない。彼にとっては「節制ある行為」は「容易で喜ばしい行為」ではないからだ。

同じく第二章で述べた「徳」や「技術」を身につけた人の特徴を簡単に振り返ってみよう。ピアノを弾くという「技術」が身についてきた少年は、以前はたどたどしくしか弾けなかったピアノが、いつのまにか容易に弾けるようになっていることに気づく。そして、億劫なピアノの練習を早く終えて別の遊びをしたいと思っていた以前とは異なり、ピアノを弾くことに喜びを感じている自分を見出して驚く。ピアノを弾くという行為に伴うこうした「容易さ」と「喜ばしさ」こそ、ピアノを弾くという「技術」が身についた徴である。それと同じように、「節制」という「徳」が身についてきた人は、以前は「我慢している」という不満を抱きながらかろうじて実践することのできていたダイエットがいつの間にか違和感なく自然に行えるようになるとともに、節度ある健全な食生活に喜びを感じている自分を見出す。節制ある行為に伴うこうした「容易さ」と「喜ばしさ」こそ、節制という「徳」が身についた徴なのである。

この事例を手がかりとすれば、「いかなる行為も、行為の根源・原理である何らかの形相によって、ある能動的能力に対して親和的であるのでなかったら、その能動的能力によって完全な仕方で生ぜしめられることはない」という難解な文も読解が可能になる。人間の感覚的欲求能力に「節制」という徳が形成されると、「節制」という徳が形成されていない場合よりも、安定して持続的な仕方で「節制ある行為」が行われやすくなる。「節制」という徳を身につけていない人であっても、一度や二度なら「節制ある行為」ができるかもしれないが、三度目には「節制ない行為」をしてしまうかもしれない。だが、節制という「徳」を身につけた人の感覚的欲求能力にとっては、節制ある行為をすることが「親和的な」すなわち自らの自然な在り方にかなった馴染み深い状態になっているので、「節制」という徳を身につけていない人と比べてより完全な仕方で節制ある行為を容易にそして安定的に行うことができ、またその行為の遂行に喜びを感じることができるのである。節制という徳は、感覚的欲求能力に秩序ある形(forma)を与え、節制ある行為の根源・原理として感覚的欲求能力のうちに内在するようになる。徳が「行為の根源・原理である何らかの形相(forma)」であるとはこのような意味である。

カリタス論への応用

この根本原理をカリタス論に応用したのが前掲のテクストの後半部である。その冒頭部において、「カリタスの行為が意志の能力の自然本性を超えていることは明白である」とトマスは述べている。これは、そもそもカリタスというものが「神が自らの至福を我々に分かち与えてくださる(communicare)」ことに基づいて成立する、すなわち人間が意志的にいくら頑張っても自らの力だけでは獲得することのできない超自然的な至福を神が分かち与えようとするところから始まるということを思い起こしてみれば理解しやすい。

人間の意志がカリタスの運動に違和感なく参画するためには、意志という「能動的能力」にとってカリタスの運動が馴染み深く親和的になるような「何らかの形相」が、「行為の根源・原理」として意志のなかに形成されなければならない。これが「カリタス」という徳、すなわち「愛徳」にほかならない。

「神の本質そのものがカリタスである」というトマスの言葉は、新約聖書の「ヨハネの第一の手紙」第四章第十六節の「神は愛(ἀγάπη《アガペー》, caritas)である」という言葉に基づいている。神は、自らの至福を人間と共有すべく、それを人間に分かち与えてくださる。人間が神を追い求める前に、まずは神の方からイニシアティブを取って人間にカリタスを注ぎかけてくださる。神のカリタスの働きを注ぎかけられた人間は、そのカリタスの働きに一方的・強制的に動かされるままになるのではない。そもそも、強制的に「愛させられる」というのは、「愛」ということの本質に反することである。そうではなく、人間自らも「カリタス」の主体として、自発的に「カリタス」の運動に参画するべく変容させられる。人間が神そのものになることはできない以上、そのカリタスは「神の本質そのものがカリタスである」と言われる場合のカリタスそのものではないが、だからといって無関係であるのでもない。「神の本質そのものであるカリタス」を分有する仕方で、人間精神のなかに「カリタス」が形成されていく。それこそが「徳」としての「カリタス」すなわち「愛徳」にほかならない。

ここまで、caritasというラテン語を日本語に訳すにあたって、「愛徳」「カリタス」「愛」という複数の訳語を併記してきたが、その理由もこれで明確であろう。「神のカリタス」という語が、「我々が神をそれによって愛するところのカリタス(神へのカリタス)」という意味で使われているときには、「カリタス」は人間精神のうちに形成された「徳」である限りにおいて、「愛徳」と訳すことができる。だが、「神が我々をそれによって愛するところのカリタス(神からのカリタス)」という意味で使われているときには、「徳」ではないので、「愛徳」と訳すことはできず、「愛」と訳すか、「カリタス」とカタカナ表記にするのが自然だ。いっそのこと、どちらの場合にも「カリタス」と表記した方がいいかもしれない。これはもちろん、神が「悪徳」に充ち満ちた存在だという意味ではない。神には「徳」は存在しない。神には「徳」も「悪徳」も存在しない。「徳」や「悪徳」というのは、生まれつき未完成な存在のみに固有なものだからである。「神も最近は大人になりましたね、以前はかなり大人げない方《かた》でしたが」などと言う人がいたとしたら、随分と奇妙なことを言う人だという印象を我々は抱くだろう。「神」と呼ばれるものがもしも存在するのであれば、それは大人になったりしない、いやそもそもより完全な存在になったりはしない。なぜなら、それは定義上「最高善」であり、「最も完全な存在」であるから、それ以上完全になることはできないからだ。「徳」を身につけるというのは、より完全になることが可能な存在、すなわち、未完成なところがある存在のみなのだ。

人間は、自然的なレベルにおいて未完成な存在であるからこそ、枢要徳を身につけることによってより完全な存在へと成長していくことができる。それと同じように、超自然的なレベルにおいてもまた未完成な存在であるからこそ、神の恩寵を受け、神学的徳を身につけることによって、「神の本性に分け与る」と言われるところまで自らを高めていくことができるのだ。

我々の精神は、神のカリタスによって一方的に点火されて愛の炎によって受動的に燃え上がらされるのではない。そうではなく、我々の精神に、固有の力によって燃え上がることのできる愛のロウソクが神によって植え付けられ、その愛のロウソクが消えずに育ち続けるように、神の助けを受けつつも、我々自身の活動を通じて、愛の炎を育て、燃え上がらせていくことができる「力」が育っていく。それが「愛徳」という「神学的徳」なのである。

三　神の愛の分担者となる

神と人との類同化

人間が神を求めるより先に神の方が人間との関係を追い求めてくれるというようなことがもしもあるとしても、やはり神というものは人間にとっては遥か彼方の存在に留まるのであって、「愛」というものが成り立つ対象は、まず第一には、自らを遥かに超えた神ではなく、より身近な隣人なのではないかというのは、多くの人が抱く疑問であろう。トマス自身、この問題を充分に自覚し、『神学大全』第二部の第二部第二十六問題第二項において、「隣人よりも神はより愛されるべきであるか」という問いを立てている。その第二異論において、トマスは次のような見解を紹介している。

「集会書」第十三章〔第十五節〕「それぞれの動物は自分に似たものを愛する」によると、

類似性は愛の原因である。ところが、自らの隣人に対する人間の類似性は神に対する類似性よりも大きなものである。それゆえ、人間はカリタスに基づいて神よりも隣人をより多く愛する。

旧約聖書の「集会書」を典拠としたこの異論は極めて常識的なものであり、分かりやすい。他方、この異論に対するトマスの解答は次のような驚くべきものである。

我々が神に対して有する類似性は、隣人に対する類似性よりもより先なるものであり、また後者の原因である。というのも、隣人もまた神から〔分有して〕有しているところのもの〔すなわち至福〕を、我々が神から分有しているということに基づいて、我々は隣人と似た者たらしめられているからである。それゆえ、類似性という根拠に基づいて、我々は隣人よりも神をより多く愛するべきなのである。

自らと同じ人間という種に属している隣人よりも神の方が自らとのより濃密な類似性を有しているから、「類似性は愛の原因である」という根本原理——それは「異論」も認めるものだ——に基づいて、まさに神の方をこそより愛するべきなのだというこのトマスの見解は、一見、常識に反する奇妙な見解であるように見えるかもしれない。だが、これまでの論述を丁寧に辿ってきた読者には、それほど理解困難ではないかもしれない。

一つの比喩を使ってみよう。ここに二枚のキャンバスがあるとする。それは、「キャンバス」という同一の種に属するものとして、類似性を有している。他方、キャンバスは人間とは似ても似つかないものである。だが、ここに一人の芸術家が登場して、それぞれのキャンバスに異なる作品を描くとしよう。それらの作品は、たしかに異なった作品であるが、それにもかかわらず、卓越した芸術家の個性が刻み込まれたものとして、他の芸術家では醸し出すことのできない類似した雰囲気を持つものとして完成させられる。その二枚の作品の類似性を眼にして、「この二つの作品が類似しているのは同じ種類のキャンバスを使用しているからだ」と言う人はいないだろう。そうではなく、作者である同一の芸術家の刻印を押されることによってこそ二つの作品は類似している。作品Aはこの芸術家の個性を刻印されており、作品Bも異なる仕方ではあるが同じ芸術家の個性を刻印されている。だからこそ、作品Aと作品Bは類似している。このとき、作品Bは作者であるこの芸術家の精神を体現しているという意味で、この芸術家にある意味類似しており、作品Aも同じこの芸術家に類似している。こうした仕方で、双方がこの芸術家に類似しているからこそ、両者は緊密な類似性を有しているのだ。

カリタスにおける人間と神との関係も同様である。カリタスの付与によって、神の至福が私の存在全体に刻印されることによって、私は、同じく神の至福を刻印されている隣人と「神の至福が刻印された者」という仕方で類似性を獲得し、だからこそ、隣人との愛の関係が成立してくる。ここにおいては、一人一人の人間が、眼の前にいる隣人よりも、眼に見えない神により似たものたらしめられているという驚くべきヴィジョンが開示されているのである。

自己愛という原動力

ここまでの論述においては、カリタス論における自己と神との垂直的な関係性に力点を置いてきたが、カリタス論の射程はそこに留まるものではない。自己と他者との水平的な関係性へもカリタスは及ぼされていく。

トマスは『神学大全』第二部の第二部第二十六問題第四項において、「人はカリタスに基づいて隣人よりも自己自身を愛するべきであるか」という問いを立て、次のように解答している。

神はカリタスの愛がそれに基づいているところの善の根源として愛されるのであるが、それに対して人間は自己をカリタスによって、自らがそれによって前述の善の分有者であるという根拠に基づいて愛する。それに対して隣人は、その善における仲間であること(societas)という根拠に即して愛される。ところが、仲間であること(consociatio《コンソキアーチオー》)が愛の根拠であるのは、神への秩序づけにおける何らかの一致に基づいてである。したがって、一であること・一性が一致よりもより強力であるごとく、人間自身が神的善を分有しているということは、他者がこの分有において自己と仲間になっているということよりも、愛することのより強力な根拠である。それゆえ、人はカリタスに基づいて隣人よりも自己自身をより愛するべきである。そしてこのことの徴しは、たとえ隣人を罪から救い出すためであっても、人は何らかの罪の悪――それは至福の分有に対立する――に屈してはならないということである。

この項が収められている『神学大全』第二部の第二部第二十六問題には、「愛徳《カリタス》の秩序・順序について」というタイトルが付けられている。「愛の秩序」という問題は、トマス独自のものではなく、聖書に由来し、キリスト教の基本的な教えを確立した教父たちによって練り上げられてきたものだ。神、自己、隣人、敵といった、愛の対象になりうる存在のそれぞれに対して、どのような順序で、どのような重み付けを伴いながら、愛を抱き実践するべきかという問題である。本章の冒頭において既に述べたように、トマスの論の特徴は、自己愛の他者愛に対する優位という観点を明確に打ち出している点に見出すことができる。

トマスは、第二十六問題の第一項において、「カリタスのうちに順序が存在するか」という問いを立て、カリタスの第一の起源・根源である神への関係に基づいて何らかの順序・秩序(ordo)が見出されると述べている。続く第二項では、「隣人よりも神はより愛されるべきであるか」という問いが立てられている。そして、「カリタスという友愛は至福の共有・伝達・分かち合い(communicatio)に基づくものであるが、至福はその第一の始源としての神のうちに本質的に存するのであり、そこから派生して、至福を受容することのできる(capax)すべての者に及ぶ」という根本原理が提示され、人間が抱くカリタスの第一の対象は、至福の原点である神だという観点が提示される。続く第三項では、「人はカリタスに基づいて自己よりも神をより愛するべきであるか」という問いが立てられ、第二項と類似した根拠に基づいて、肯定的な解答が与えられる。その流れを受けて、「人はカリタスに基づいて隣人よりも自己自身を愛するべきであるか」という問いが問われているのが第四項のテクストである。

このテクストを正確に読解するにあたって最大の鍵になるのが何かと言えば、自己愛と他者愛とが同一平面で量的な比較の対象になるようなものではなく、質的に決定的な相違があるという点である。なぜ決定的な相違があるかと言えば、自己にとって、自己とは、神のカリタスが直接的に現前する唯一の場所だからだ。神が私に直接的に愛《カリタス》を注ぎ込んでくれるということは、この世界全体の根源である神が私の存在全体を受容し、肯定してくれているということにほかならない。そして、神から肯定されているという事実を受容することによって、私は、自分がいかに不完全で欠点の多い存在であったとしても、その神からの根源的な受容と肯定を原動力とすることによって——愛《カリタス》を分有することによって——自己を自己自身によって受容し肯定することができる。それが自己愛の成立だ。そして、そのような自己肯定力が原動力となってこそ、私は、他者に対しても肯定的な仕方で関与していくことができるようになっていくのである。

「欲望の愛」と「友愛の愛」

他者を愛するといっても、その愛の在り方は一様ではない。トマスは『ヨハネ福音書講解』(第十五章第四講)において愛を二つに分類しつつ次のように述べている。

　我々は、欲望の愛においては、我々にとって外的であるものを我々自身へと引き寄せる。というのも、まさにその愛によって我々が他のものを愛するのは、それらが我々にとって有用であるか快適である限りにおいてだからである。だが、友愛の愛においては正反対である。というのも、我々自身を、我々にとって外的であるものへと引き寄せるからである。なぜならば、その愛によって愛する者へと、我々は我々自身へのように関わり、彼らに何らかの仕方で我々自身を分かち与える・共有する(communicare nosmetipsos)からである。

このテクストにおいてトマスは、アリストテレスが『ニコマコス倫理学』の第八巻と第九巻において展開している「友愛」についての考察を踏まえつつ、「分かち与え・伝達(communicatio)」についての独自の理論のなかにそれを統合しようとしている。

アリストテレスによると、友愛という人間の相互関係は、何かを共有することに基づいて生まれてくる。そして、その共有されるものがどのようなものであるかによって友愛は三つに分類される。まず「利益に基づいた友愛」がある。相手が自らにとって有用である限りにおける友愛である。第二は、「快楽に基づいた友愛」である。相手が自らに快楽・喜びを与えてくれる限りにおける友愛のことである。これらの友愛に共通するのは、相手の人物の全体をそれ自体として愛しているというよりは、むしろ、「自分にとって」相手が利益を与えてくれたり快楽を与えてくれるということに主眼が置かれているということである。それに対して、第三の友愛は、「人柄の善さに基づいた友愛」である。この友愛においては、相手の人柄の善さそれ自体が愛の焦点になっている。そして、アリストテレスによると、この第三の友愛は、第一と第二の友愛の優れた点を自らのうちに含みこんでもいる。人柄の善い友人は、役に立ってくれる人であるし、一緒にいて心地よい人でもあるからだ。

こうしたアリストテレスの友愛の分類を受け継ぎつつ、トマスは、「利益に基づいた友愛」

と「快楽に基づいた友愛」の背後にある愛を「欲望の愛」という概念によってひとまとめにして捉え、「人柄の善さに基づいた友愛」の基盤にある愛を「友愛の愛」という概念によって捉えている。トマスは、二つの愛の基本的な相違を、愛の方向性の相違という観点から述べている。「欲望の愛」においては、「我々にとって外的であるもの」すなわち他者を「我々自身へと引き寄せる」。我々自身の利害関心に応じて、我々自身の欲望を実現することに主眼を置いて、そのために役立つ他者を自らとの深い関わりへと誘い入れようとする。

それに対して、「友愛の愛」においては、「我々自身を、我々にとって外的であるものへと引き寄せる」。「欲望の愛」の場合とは異なり、我々自身が幸福になるために他者との関係を利用しようとするのではない。そうではなく、他者が他者自身として幸福な在り方をすることができるような仕方で、他者へと積極的に関与しようとするのである。

自己贈与という喜び

このテクストにおいて「友愛の愛」の特質として語られている「我々自身を分かち与える・共有する」というのは、どのような事態であろうか。『ヨハネ福音書講解』においては、これ以上詳しい説明は為されていないため、他のテクストを参照しつつ解釈を進める必要がある。

トマスは、愛において自己が他者に何かを分かち与える・共有するという事態を、様々な文脈において論じている。たとえば、『神学大全』第二部の第一部第三十二問題第六項において、「人に親切にすることは喜びの原因であるか」という問いを立て、次のように述べている。

親切にすることは、三つの仕方で喜びの原因でありうる。〔……〕第三の仕方は、原理・根源との関係においてである。この仕方においては、他者に親切にすることは三つの原理・根源との関係において喜ばしいものでありうる。そのうちの第一のものは、親切を為す能力である。この観点から言うと、他者に親切にすることが喜ばしいことであるのは、そのことによって、自らのうちにあり余るほどに豊かな善が存在していて、そこから他者へと分かち与える(communicare)ことができるほどだ、という何らかの思いがその人のうちに生じてくるからである。だからこそ、人は、子供や自己の仕事・作品のうちに喜びを感じるのだが、それは、自らに固有な善を分かち与える・共有する対象としてなのである。

トマスは、この項において、他者に親切にするということが、単なる義務や自己犠牲にすぎないのではなく、親切にする人自身に様々な仕方で喜びを与えるということを明らかにしようとしている。自らの子供を前にして我々が喜びを感じるのがなぜかと言えば、その理由の一つは、このようなかけがえのない生命を分かち与える能力が自らのなかに内在しているということをありありと実感するからだ。また、子供が健やかに育っていくのを見て、健やかな成長のために必要とされる食料や知恵や安全や財産といった「あり余るほどに豊かな善」が、子供を養育する自らのなかに存在しているということを自覚することができるからだ。自己の仕事の成果や作品のうちに喜びを感じるのも同じ理由に基づいている。そうした仕事・作品は、その「起源」を製作者のうちに有している。だから、製作者は、自らの仕事の成果や作品を眼の前にして、そうした成果を為し遂げることのできる「起源」としての自分の能力を実感し、喜びを抱くのだ。

他者に親切にすることが喜びを与えるのも同様の構造に基づいている。他者に親切にするということは、その意志さえあれば、いつでも誰でも容易にできることではない。それぞれの他者がいま何を必要としているのかを的確に読み取る知恵や、その必要としているものを準備するための経済力や行動力、人間関係のネットワークなど、実に多くのことが前提条件として求められる。逆に言えば、他者に親切にすることができるとき、我々は、自らがそうした様々な善を兼ね備えた存在だということを実感することができる。すなわち、「自らのうちにあり余るほどに豊かな善が存在していて、そこから他者へと分かち与えることができるほどだ」という思いが生まれてきて、そのことが喜びを与えるのである。

「愛するとは誰かに善を願うこと」

問題は、この『神学大全』のテクストと、前掲の『ヨハネ福音書講解』のテクストとの異同だ。二つのテクストを見比べてすぐに気づく相違は、分かち与える・共有する対象が、『神学大全』では、「自らに固有な善」とか「自らのうちのあり余るほどに豊かな善」と言われているのに対して、『ヨハネ福音書講解』においては、「我々自身」と言われていることだ。

他者に「我々自身を分かち与える」という表現を見ると、多くの読者は、他者に対する自己犠牲的な態度を思い浮かべるかもしれない。だが、それは、少なくとも、トマスがこの表現において考えていることの中心ではない。トマスは、愛する他者に対して、「我々自身のように関わる」ということと、「我々自身を分かち与える・共有する」ということとを、ほぼ言い換え可能な表現としてここで使用しているからだ。そして、我々が我々自身に対して自己犠牲的な態度を取るということはほとんど意味をなさない表現だからである。それでは、他者に対して「我々自身へのように関わる」とはどのようなことであろうか。

トマスは、『神学大全』第二部の第二部第二十五問題第一項において、「カリタスの愛は神において留まるのか、それとも隣人にも及ぶか」という問いを立て、次のように述べている。

隣人を愛することの根拠は神である。というのも、我々が隣人において愛さなければならないのは、その人が神のうちに在るように、ということだからである。それゆえ、神が愛されるさいの働きと隣人が愛されるさいの働きとが種《しゅ》において同一の働きであることは明白である。そして、このことのゆえに、カリタスという習慣は、単に神への愛だけではなく、隣人への愛にもまた及んでいくのである。

トマスは、愛について語るさいに、しばしば、「愛するとは誰かに善を意志する（望む・願う）ことである（amare est velle alicui bonum）」という、アリストテレスが『弁論術』（第二巻第四章1380b35-36）において述べている言葉を引用する（I, q.20, a.1, I-II, q.26, a.4など）。愛するということは、単に誰かと情緒的に密着した在り方に入っていくということではない。そうではなく、相手が「善」を獲得すること、相手が人間として善い在り方をすることを、私が意志するということなのである。自堕落な生活をしている私が、自らの孤独を埋めるために、他の誰かをも自堕落な生き方のなかに巻き込もうとする場合、私は、その誰かと確かに情緒的に密着した関係性のうちへと入り込んでいくかもしれないが、その誰かを愛しているとは言えない。そうではなく、相手の病気が回復することを私が望んだり、相手がバランスの取れた人柄を形成することを私が望んだりするときにこそ、私はその相手を愛していると言える。さらに言えば、相手が「幸福」という最高の善を獲得することを願うのが、相手を愛するということにほかならない。これがトマスが引用することを好むアリストテレスの一文の背後にある考え方だ。

神の善の伝達の分担者となる

トマスは、アリストテレスのこうした見解を十全に受け継ぎつつ、それをキリスト教的な世界観のなかに位置づけ直している。「友愛の愛によって愛する者へと、我々は我々自身へのように関わり、彼らに何らかの仕方で我々自身を分かち与える・共有する」という前掲の『ヨハネ福音書講解』のテクストは、この「愛するとは誰かに善を意志することである」というアリストテレスに由来する愛の構造を背景に置くことによって的確に理解することができる。

前述のように、自己にとって、自己とは、神のカリタスが直接的に現前する唯一の場所である。そして、神のカリタスという土俵のなかで「私が私自身に関わる」というのは、神から愛を贈られ存在全体を祝福され肯定されている私自身を私自身が肯定し受け入れるということである。そして、そのような私が、「友愛の愛によって愛する者へと私自身へのように関わる」ということは、愛する相手もまたそのような神による肯定と祝福に分け与ることができるようにとその相手を導いていくことにほかならない。このとき私は、創造において肯定され、カリタスの付与によって神の生命への参与を認められることによって祝福された人間存在への根源的な肯定を、他者に分かち与える主体として成立する。

その意味において私は、「友愛の愛によって愛する者へと私自身を分かち与える・共有する」。すなわち、神の生命への参与によって新たな生命――それは天国において永遠の生命として完成する――を与えられている自らの在り方と同様の在り方が隣人においても実現することを促すような仕方で、隣人に善を願うようになっていく。そのとき私は、溢れんばかりの善を豊かに分け与える神の善の動的な伝達の分担者として成立する。いわば神の愛の肯定的な息吹を受けることが原動力になって自他を愛する愛の主体として成立した私が、他者もまたそのような主体として成立することを手助けするような仕方で神の善の自己伝達が進んでいくのである。

キリスト教観の刷新

トマスのカリタス論を理解すると、キリスト教を「自己犠牲」の宗教と捉える通念がいかに一面的なものであるのかが見えてくる。「自己犠牲」という概念は、「自己否定」という概念と結びつきやすい。この二つを結びつけると、自分の欲求を否定して他者に奉仕する教えというキリスト教観が生まれてくる。キリスト教をこのような仕方で捉えるのは完全に間違いとまでは言えないにしても、非常に一面的だ。少なくともトマスはそのように捉えてはいない。

カリタスについてのトマスの論考において見出されるのは、むしろ、キリスト教の本質を「肯定」の宗教として捉える視座である。だが、だからといって、その教えの本質を「自己肯定」の教えとして捉えるのもまた一面的である。肯定の射程は「自己」を遥かに超えているからだ。

万物を善きものとして創造する神の溢れんばかりの肯定のエネルギー——神のカリタス——を注ぎ込まれた人間は、有限な自己の存在を、その根底において祝福され肯定されたものとして受けとめ直すことができる。そのとき、その人は、神のカリタスによって一方的に肯定されていることを受動的に受け入れるのみではない。肯定の原動力であるカリタスが、神から与えられつつも、自己固有の力として、人間精神のうちに内在するようになる。そして、その溢れんばかりのカリタスが、自己のみではなく他者をも愛し肯定していく原動力として留まり続けるのである。そして、自己を愛してくれる多くの他者のうちにも、このようなカリタスは内在している。ここには、非常に豊かな仕方で共鳴する愛の連鎖が語り出されている。トマスの愛徳論のうちには、キリスト教の教えを、愛と肯定による神と万人の共鳴という積極的な仕方で捉え直すための魅力的なヴィジョンが語り明かされているのである。

第五章　「理性」と「神秘」

一　受肉の神秘

神と理性

第二章において詳述した「枢要徳」は、人間を理性的存在として完成させる役割を果たすものであった。それに対して、第三章と第四章において論述した「神学的徳」は、人間を神との関係において完成させていく役割を果たすものであった。とはいえ、実際には、「枢要徳」と「神学的徳」は、このような仕方で截然と二分できるものでは必ずしもない。既に論述したように、「枢要徳」の一つである「節制」の下位区分として位置づけられる「純潔」という徳は、キリスト教的な徳であり、聖書において啓示されたキリスト教的な生き方が、「理性」を軸とした「枢要徳」の不可欠な構成要素として入り込んでいる。また、「神学的徳」は、「神」に関わると述べたが、それは「理性」に関わらないわけではない。いやむしろ、「神」のことをどのように理解し、どのような仕方で関わるべきかという問いを与えることによって、「理性」に新たな課題を与え、「理性」の能力を新たな仕方で開花させていく。「理性」は、超自然的な神秘の理解へと向けて限りなく開かれていくのである。キリスト教の教えが、単純な仕方で「答え」を与えるのではなく、むしろ「問い」を与え、そのことが人間を理性的存在としてより深く広く完成させていくというのは、トマス哲学・トマス神学の最も基本的な構造だ。

キリストという神秘

新約聖書において語られているキリストは、謎に満ちた存在である。彼と弟子たちとの関係は、決して普通の意味での理想的な師弟関係ではない。新約聖書が繰り返し巻き返し語っているのは、キリストの弟子たちが、いかに彼を誤解していたかという事実である。ローマ帝国の支配からユダヤ人を解放してくれる政治的解放者としてキリストに期待をかけていた弟子たちは、彼が逮捕され、十字架刑という残酷極まりない刑に処される事態に直面して、恐怖と絶望に駆られて逃亡した。だが、彼らはその直後、「キリストの復活」という表現で呼ばれてきた何らかの出来事によって深く突き動かされ、殉教の死に至るまでキリストを証しする者へと変容していった。これらの弟子たちにとってキリストは、予め持っていた問題意識——ローマ帝国からの解放――に対して答えを与えてくれる存在ではなかった。むしろ、驚くべき神秘へと自らを巻き込み、「あの方は一体全体どういう方であったのか」という全く新たな問いへと直面させていく存在であった。「キリスト教の原点」とは、こうした意味における「神秘」との出会いであったのだ。

キリスト教の思想史とは、単に、イエス・キリストによって与えられた「答え」を歪めることなくありのままにそのまま受け継いでいくようなものではありえなかった。キリストによって与えられたのは、「答え」というよりは、むしろ、「神秘」だったからである。

トマスにおいて、「理性」を超えた「神秘」という用語が使用される様々な文脈のなかでも、使用される頻度が高く、また、キリスト教の教えの最根幹に関わるのは、「キリストの神秘(mysterium Christi)」や「受肉の神秘(mysterium incarnationis)」という用法である。以下においては、キリスト教最大の「神秘」と言える「受肉の神秘」に着目しつつ、神の「神秘」がどのような仕方で人間の「理性」に新たな可能性を開くものとなっているのかという観点から、トマスの論述を分析していきたい。

「受肉」とは

「受肉」についてのトマスの論述を詳細に分析する前に、まずは「受肉」という神学的概念についての基本的な説明をしておきたい。キリストを神の「受肉」と捉えるのは、古代末期の数世紀にわたる教義論争を経て成立したキリスト教の伝統的な教義の一つである。教義論争においては、実に多様な論点をめぐって論争が繰り広げられたが、そのなかでも、キリスト論は、三位一体論と並び、その中心的な争点であった。

キリスト論における正統的な立場として最終的に認められたのは、キリストを、単なる人間ではなく、同時に神であると考える立場であった。一言で言うと、キリストは人間本性と神的本性の双方を有すると捉えるのがキリスト論に関する正統的な立場である。キリストを神の「受肉」として理解するとはそういう意味だ。

現代の実証的な聖書学においては、「史的イエス」と「信仰のキリスト」とを区別して、人間としてのイエスと、信仰の対象としての「神の子」キリストを切り離して捉えようとする姿勢が根強く見出される。その場合には、まずは人間としてのイエスに着目しつつ、その言葉や活動を分析するということが行われる。

だが、トマスのキリスト論はそのようなものではない。トマスの聖書解釈は、善くも悪くも、聖書に対する歴史批判的な研究が始まる十九世紀以前のものであり、古代末期に激しい教義論争の末に成立したキリスト論に関する正統的な教義を正面から受け継いだものになっている。

教義論争において「異端」とされた立場のなかには、キリストを「神ではなく人」とみなす立場もあれば、「人ではなく神」とみなす立場も存在した。それに対して、正統教義は、キリストは「真の神(verus Deus)であり真の人(verus homo)」とみなす立場である。本当に神であり同時に本当に人であるという意味だ。もう少し哲学的・神学的な用語を使うと、キリストは「神性(divinitas《ディーヴィーニタース》)」と「人性(humanitas《フーマーニタース》)」の双方を有すると考えるのが正統的な教義である。

「教義(dogma《ドグマ》)」という言葉は、現代では極めて評判が悪い。「あなたの考え方はdogmatic《ドグマティック》だ」と言われたら、「独断的」で「おしつけがましい」と批判されていることになる。同様に、dogmatism《ドグマティズム》とは、「独断主義」とか「教条主義」と訳される言葉である。「独断的主張」というような訳語が英和辞典にも散見するように、「ドグマ」は硬直化した柔軟性のないものの見方を批判するための言葉として使用されることが多い。これは日常用語においてそうであるのみではない。聖書を読むときにも、「教義《ドグマ》はとりあえず脇に置いて、まずは聖書のテクストを丁寧に読んでいこう」などということがしばしば言われたりする。あたかも教義《ドグマ》が聖書のテクストを丁寧に読むための障害ででもあるかのように。だがトマスの捉え方はそれとは全く異なるものだ。

そもそも、トマスによれば、聖書における神の啓示は、人間の救済のために神によって人間に与えられたものである。だが、聖書という書物は、物語的な仕方で様々な宗教的な出来事を語っていたり、書簡形式によって具体的なアドバイスを語っていたりする側面が強く、神についてまたキリストについて、必ずしも厳密な仕方で体系的に語り明かしているわけではない。そのような語り口で語られている聖書から、人間の救済に繋がりうる真理を、より抽象度の高い仕方で取り出し展開する仕方で形成されたのが、「三位一体論」や「キリスト論」という教義である。教義は、聖書の語る教えをありのままに受けとめることの妨げであるどころか、聖書の伝える救済のメッセージを的確に受けとめるための基本的な方向づけを与えてくれるものなのだ。

「受肉」について正確に理解するためには、よく見られる誤解を修正するという仕方で理解を進めるのが分かりやすい。トマスは次のように述べている。

受肉の神秘(incarnationis mysterium)は、神が御自身の永遠からあった状態から離れて、そうでなかった状態に何らかの仕方で変化を蒙《こうむ》ることによって実現されたのではなく、新しい仕方で自らを被造物に一致させることによって、いやむしろ被造物を自らに一致させることによって、実現されたのである。(III, q.1, a.1, ad 1)

この文章において語られている重要な点が何かというと、「受肉」というのは、厳密に言えば、「神が人になったこと」ではないという点である。受肉の本質は、「神が自らを被造物に一致させること」にあるのではなく、「被造物を神に一致させること」にある。変化するのは神の方ではなく被造物――人間――の方なのだ。そもそも、この文章は、「神は永遠から善性の本質そのものであるから、永遠からあったそのままの在り方で在るのが最善である」という異論に対する解答として書かれているものである。それよりも善いものがありえない最高善である神は、受肉することによって変化を蒙り、自らの善性を失ってしまうのではない。そうではなく、神が人間本性を摂取して神的本性と一致させることによって、人間本性の側に新たな善き状態を引き起こすのが「受肉」という出来事なのである。

「受肉の神秘」の意味の広がり

「受肉の神秘」という表現を正確に理解するためには、その意味の広がりを的確におさえる必要がある。よくある誤解は、「受肉の神秘」という表現はキリストの人間としての誕生のみを限定して指示しているという理解である。だが、これはトマスの理解とは異なっている。

トマスは、『神学大全』第三部の序文において次のように述べている。

我々の救い主である主イエス・キリストは、天使が証言しているように〔「マタイ福音書」第一章第二十一節〕、「自らの民をその罪から救い」、我々が立ち直って不死なる生の至福へとそれを通して到達することができる真理の道を、身を以て我々にお示しになったのであるから、神学の全課題を完成させるために、人生の究極目的と、諸々の徳および悪徳とについての考察を終えたいま、万物の救い主御自身と、人類に与えられた彼の諸々の恩恵についての考察を追求する必要がある。

これについて、第一に考察されるべき事柄として現われてくるのは、救い主御自身である。第二に、それによって救済を我々が獲得するところの諸々の秘跡であり〔第六十問題以下〕、第三に、救い主を通じて復活によって我々が到達するところの不死なる生という目的である。

第一については、二つの考察が生じてくる。第一に、神が我々の救済のために人となったところの受肉の神秘そのものについてである。第二に、我々の救い主すなわち受肉した神御自身によって為されたこと及び蒙られたことについてである〔第二十七問題以下〕。

このテクストで言及されている「秘跡」とは、永遠の生命へと導く神の恩寵がそれを通じて与えられるところの事柄のことであり、具体的には、洗礼、堅信、聖体、悔悛、終油、叙階、婚姻の七つの秘跡がある。トマスは、悔悛の秘跡について執筆している最中に決定的な「神秘」に触れ、永久に擱筆したため、『神学大全』は悔悛の秘跡について取り扱った第三部第九十問題で終わっている。

トマスのこの記述を見ると、「受肉の神秘」は、受肉した神であるキリストによって「為されたこと及び蒙られたこと」とは区別されて論じられているという印象を受ける。だが、トマスは、秘跡の問題へと入っていく直前の第五十九問題の末尾において、「キリストの受肉の神秘については、当面、既に語られたことで充分としよう」と述べてもいる(III, q.59, a.6, ad 3)。

この後者の記述から読み取れるのは、トマスは、秘跡論に入る前の第三部の論述全体、すなわち「神が我々の救済のために人となったところの受肉の神秘そのものについて」と「我々の救い主すなわち受肉した神御自身によって為されたこと及び蒙られたことについて」の双方を含めて、「受肉の神秘について」の論述と見なしているという事実である。つまり、「受肉の神秘」という表現には広狭二つの意味がある。そして、広い意味においては、キリストの懐胎、誕生、割礼、受洗、人々との交際、試み、教え、奇跡、変容、受難、死、陰府《よみ》への下降、復活、昇天といった生涯の一連の出来事のすべてが「受肉の神秘」に含み込まれてくる。

我々は、往々にして、キリストの生涯を、十字架における「受難」とかその後の「復活」に焦点を置いて理解しがちではないだろうか。だが、トマスによると、「受肉の神秘」という観点から捉えてこそ、キリストの生涯が意味するものの全体が浮き彫りになってくる。以下、このような観点から、「受肉の神秘」が我々に対して持ちうる意義を考察してみたい。

二　「最高善の自己伝達」としての受肉

善の自己伝達性

トマスは、『神学大全』第三部のキリスト論の冒頭部、すなわち、第一問題第一項において、「神が受肉するのはふさわしいことであったか」という問いを立て、次のように答えている。

ディオニシウス（・アレオパギタ）が『神名論』第四章において述べているように、善の特質には、自己を他のものに伝達することが属している。それゆえ、最高善（神）の特質には、最高の仕方で自己を諸々の被造物に伝達することが属している。このことが最大限に実現されるのは、アウグスティヌスが『三位一体論』第十三巻（第十七章）で述べているように、「御言葉（子なる神）と魂と肉体の三者から一つのペルソナが成るという仕方で（神が）被造の本性（人間本性）を御自身に結合する」ことによってである。それゆえ神が受肉するのはふさわしいこと(conveniens)であったのは明白である。

第三部の全体にわたって詳細なキリスト論を展開する出発点にあたって、トマスが真っ先に持ち出しているのは、ディオニシウスに由来する「善の自己伝達性」という原理だ。そして、この原理は、既に第四章のカリタス論においても登場したように、受肉論においてのみではなく、トマスのテクストの重要な文脈の各所において援用されている。「受肉の神秘」についてのトマスの見解を解読するに当たり、まずはこの重要原理についての分析から始めてみよう。

世界創造の根拠

「善の自己伝達性・自己拡散性」という原理を理解するためには、一つの比喩から出発するのが分かりやすい。それは太陽と泉の比喩だ。太陽は自らの光や熱を独占せず、自ずと周囲へと分け与えていく。また、泉は滾々《こんこん》と湧き上がる水を独占することはなく、自ずと河となって溢れ出て、周囲をも潤していく。このように、優れたもの・充実したものは、自らの卓越性や充実を自らのうちのみに独占することなく、周囲へと拡散させていく。「善は自己拡散的である(bonum est diffusivum sui)」というこの命題は、トマス哲学のなかの、様々な重要箇所において登場する。「自らを拡散させる(diffusivum sui)」という表現が使われることもあれば、自らの善性を「伝達する・分け与える(communicare)」という表現が使われることもある。「善の自己拡散性」または「善の自己伝達性」とも呼ぶべきこの原理が使われる代表的な場面の一つは、神による万物の創造という場面である。トマスは、『神学大全』第一部第四十七問題第一項「諸事物の多数性と区別は神に由来するか」において次のように述べている。

神が諸々の事物を存在にまで産出したのは、自らの善性が諸々の被造物に伝達され(communicare)、これ〔善性〕がこれらの被造物によって表現されるためであった。そして、〔神の善性は〕一つの被造物によって充分な仕方で表現されえなかったので、〔神は〕多数の多様な被造物を作り出したのであるが、それは、神の善性を表現するのに一つ〔の被造物〕では欠けるところのものが他の被造物によって補われるためであった。

このテクストは、世界に多様な被造物が存在するのはなぜかという問題に対して答えることを目的とした文脈に置かれている。そこにおいて原理として持ち出されているのが、「善の自己伝達性」という原理なのである。神は自己の善性を自らに独占することなく、他のものと分かち合う。そのために、自らの善性を分かち合うべき相手を作り出すのが、神の世界創造という出来事にほかならない。だが、神の善性は、一つの被造物のみによって充分に表現されうるよりも遥かに豊かなものだ。それゆえ神は、自らの善性が総体としての世界に少しでも豊かな仕方で伝わるように、多種多様な被造物を創造したのである。

被造界における善の伝達

「善の自己拡散性・自己伝達性」という原理の及ぶ射程は、「創造」や「受肉」といった神に固有の働きにのみ限定されているのではない。興味深いことに、他者への善の分与という在り方自体が、創造において、縮減された形において被造物に伝達される。トマスは『神学大全』第一部第百六問題第四項において、「より上位の天使は、自らが認識しているすべての事柄について下位の天使を照らし出すか」という問いを立て、次のように答えている。

すべての被造物は神の善性を分有していて、所有している善を他のものへと拡散させる。というのも、自らを他のものへと伝達するということが善の特質に属しているからである。だからこそ物体的な作用者も、可能な限り、自らの類似性を他のものに伝えるのである。それゆえ、ある作用者がより多く神の善性への分有において構成されていればいるほど、それだけ多く自らの完全性を可能な限り他のものへ注ぎ込もうと努める。それゆえ至福者ペテロは、「ペテロの第一の手紙」第四章〔第十節〕において、恩寵によって神の善性に分け与っている人々に対して、「各人は、神の多様な恩寵の善き管理者として、恩寵を自らが受け取ったように、他の者へと施しなさい」と述べているのである。

トマスがここで語り出している動的な世界像はとても魅力的なものである。最高善であり万物の根源である神から創造されたそれぞれのものは、単に神から分かち与えられる「善」を受動的に受容するのみではない。それぞれのものは、自らが分かち与えられた「善」を、今度は他のものへと能動的に分かち与えるようになっていく。いや、もっと厳密に言えば、「善」を分かち与えられるということは、その「善」を他者へと分かち与える力をも同時に分け与えられるということなのである。

たとえば、子供が両親から「生命」という「善」を分かち与えられるとき、子供は、その「善」を他者へと分かち与える――自らが親となって子供を産む――力を同時に分け与えられている。もちろん、子供は、生まれてすぐに実際に自らの子供を産んでいくような力は有していない。だが、その後健全に育っていけば自ずと生殖能力を獲得し発現させていくことができるようになるという意味において、「生命という善を他者へと分かち与える力」を潜在的な仕方で既に有していると言える。他の動植物においても事態は同様だ。動物の子供も、植物の種も、それらが存在を与えられるとき、自らと同種の子供や種を自らが産んでいく能力を既に潜在的に獲得しているのである。

恩寵における神の善の伝達

ここまでの話は、「自然」のレベルでの話だ。人間であれ動物であれ植物であれ、それぞれの存在者がその存在者である限りにおいて元々有している存在伝達の力の話だ。だが、「善の自己拡散性・自己伝達性」という原理の及ぶ射程は、ここで終わるわけではない。その射程は、神から特別な仕方で与えられて人間が所有することができる「恩寵」の次元にまでも及ぶ。

　右記のテクストでは、トマスは、「ペテロの第一の手紙」から「恩寵」に関するテクストを引用しているのみで、自らの恩寵論を詳しく解説することはしていないが、トマスの恩寵論でこの部分と深く関わりがあるのは、「成聖の恩寵（gratia《グラーティア》 gratum《グラートゥム》 faciens《ファキエーンス》）」と「無償の恩寵（gratia gratis《グラーティース》 data《ダタ》）」との区別である。「成聖の恩寵」は、恩寵を受ける本人を聖化する――神との密接な関係へと導く――ことができるようにと神から与えられる恩寵のことだ。それに対して、「無償の恩寵」とは、他者を神との密接な関係へと導くための助けを為すことができるようにと神から与えられる恩寵のことである。

　神から与えられる恩寵は、恩寵を受けた本人を神の善に分け与る者とさせるのみではない。恩寵を受けた本人の周りにいる人々もまた神の善に分け与る者となることができるような働きを、恩寵を受けた人は為すことができるようになっていく。それが「無償の恩寵」の役割である。神の「恩寵」というものは、あくまでも神のみが与えることができるものであって、人間が直接的に与えることができるものではない。だが、恩寵を受けた人は、他者へと精神的・霊的な助言を与えたりすることによって、他者が恩寵を受けるようになることを妨げている障害を取り除く助けをしたり、神から既に受けている恩寵をより充実した仕方で生かし直すための模範を示したりするという仕方で、神の善が他者へと分与されていくのに繋がる働きを為すことができるようになるのだ。

天使の位階秩序

右記のテクストにおいて、動植物の世界から恩寵の世界まで縦横無尽に展開する「善の自己拡散性・自己伝達性」という原理の射程の広さを浮き彫りにしてから、トマスは「より上位の天使は、自らが認識しているすべての事柄について下位の天使を照らし出すか」という問いに対して次のように答えている。

神の善性を最も豊かに分有している聖なる天使たちは、神から受け取るすべての事柄を、服属する天使たちに分け与える。とはいえ、より下位の天使たちによっては、〔神の善性は〕より上位の天使たちのうちにあるほど卓越した仕方で受け取られることはない。それゆえ、より上位の天使たちは常により高位の階層(ordo)のうちに留まり、より完全な知を有する。それはちょうど、一にして同一の事柄を、教師が、彼から学ぶ学生よりもより豊かに認識するのと同様である。

天使というものを一枚岩のものとして捉えるのではなく、そこに豊かな階層秩序を見出すのは、ディオニシウス・アレオパギタの『天上位階論』に由来するものである。トマスは、ディオニシウスの濃厚な影響を受けつつ、天使に九段階の階層秩序を措定している。その階層秩序を踏まえつつ、このテクストにおいては、神により近い天使たちは、自らに分け与えられているより豊かな「神の善性」をより下位の天使たちに分け与え、その下位の天使たちもまた自らよりも下位の天使たちにその善性を分け与え続けているというダイナミックな天使像が語り出されている。

このテクストを理解するさいに重要なのは、この項の含まれている『神学大全』第一部第百六問題が「どのような仕方で一つの被造物は他の被造物を動かすか」と題されていることに着目することである。「神論」であるはずの『神学大全』第一部に、なぜ、神ではない被造物同士の相互関係を扱う問題が含まれているのだろうか。この疑問を解決する手がかりは、視野を少し広げて前後の文脈を見てみることのうちに見出される。

『神学大全』第一部の最終部分(qq.103-119)は、神の世界統宰(gubernatio《グベルナーチオー》)について論じられている部分である。「統宰」とは、神が世界を支配し導くことを意味する。「神の善性には、ものを存在へと産出したように、ものを目的〔善〕へと導くことも属している。それが統宰するということなのである」(I, q.103, a.1)。そのさい、「統宰」は二つに大別されている。神が直接的に被造物を善へと導く仕方の統宰と、間接的に、一つの被造物が他の被造物を善へと動かすような仕方における統宰である。そして、百六問題から百十九問題まで、後者の間接的・媒介的な仕方における神の被造物統宰が語られている。その出発点に来るのが第百六問題「どのような仕方で一つの被造物は他の被造物を動かすか」である。

神は全能だからといって、世界のなかに存在する万物を、常に直接無媒介的に動かし導くのではない。そのように考えてしまうと、被造物には自立的な働きは存在しないことになってしまう。そうではなく、それぞれの被造物は、被造物である限りにおいて神に依存しつつも、固有な自立した働きを有している。そして、多様な被造物が自立的に働きながら相互に影響を及ぼし続けることによって、この世界に存在する万物の豊かな相互関係が築き上げられていく。

トマスは、この世界のあらゆる現象を直接無媒介的に神に還元して説明するのでもなければ、神など持ち出さずにこの世界の様々なものの相互の因果関係の組み合わせのみでこの世界のあらゆる現象を説明しようとするのでもない。このような両極端を避けることによって、神と多様な被造物のすべてが絶妙な仕方で相互に関わり合いながら織りなされていくこの世界における豊かな「善の伝達」をダイナミックな仕方で語り明かすことが可能になっているのである。

三　受肉と至福

「完全な幸福」としての「神を観ること」

以上が、神から始まり被造界の全体にまで及ぶ「善の自己伝達」という根本原理の基本構造である。それでは、この根本原理を踏まえたうえで、なぜ神の受肉が「最高善の最高度の自己伝達」であり、「ふさわしいこと」であったと言えるのか、より掘り下げて考察していきたい。

トマスは、『神学大全』第三部第一問題第一項「神が受肉するのはふさわしいことであったか」と類似した主題を、もう一つの主著である『対異教徒大全』においても、第四巻の第五十四章「神が受肉するのはふさわしいことであったということ」において取り扱っており、そのなかにおいてトマスは、『神学大全』の対応箇所では見出されない次のような注目すべき言明を為している。

神の受肉は、幸福へと向かおうとしている人間たちにとって最も効果的な助けであった。〔本書の〕第三巻において、人間の完全な幸福は神を直接的に観ることのうちにあるということが示された。ところが、知性が可知的なものに一致させられるような仕方で、人間知性が直接的に神の本質に一致させられるところにまで到達するというようなこの状態にまで人間が到達することは、〔人間と神の〕本性の巨大な距離のゆえに、けっしてできないと誰かに思われることが可能であった。そして、こうして、人間は、絶望によって妨げられて、至福の探究に関して、なまぬるく不熱心になってしまったことであろう。

ところが、神が人間本性を自らにペルソナにおいて一致させることを意志したということによって、人間が、神を直接的に観ることを通じて、知性によって神に一致させられうるということが、最も明瞭な仕方で人間たちに示されているのである。それゆえ、人間の幸福に対する希望を鼓舞するために、神が人間本性を摂取するということは、最もふさわしいこと(convenientissimum)であった。だからこそ、キリストの受肉のあと、人間は天上的な幸福をよりいっそう熱望し始めたのである。したがって、キリスト御自身が、「ヨハネ福音書」第十章〔第十節〕において、「私が来たのは彼らが命を持つためにであり、それもより豊かに持つためにである」と述べているのである。

トマスの神学・哲学体系の全体像を理解するために、このテクストは極めて重要なものなので、少し丁寧に解読してみよう。まずトマスは、「神の受肉は、幸福へと向かおうとしている人間たちにとって最も効果的な助けであった」と述べる。「幸福」と訳したのは、第三章において既に述べたbeatitudo《ベアーティトゥードー》というラテン語である。「人間の完全な幸福は神を直接的に観ることのうちにある」と述べられているが、「神の直視(visio Dei)」のうちに人間の究極的な幸福を見出すトマスの見解は、単にキリスト教的な伝統に基づいているのみではなく、アリストテレスの幸福論の影響を濃厚に受けている。

アリストテレスにおいて、幸福とは、単にたまたまラッキーな出来事が積み重なって幸せになるということではない。それは「幸運」にすぎない。「幸福」とは、人間が人間である限り有している可能性が現実化されることによって生まれてくるものである。人間の持っている能力が開花して、十全な仕方で働きを為すことができるようになり、そのことによって実現する人間存在全体の充実が「幸福」と呼ばれるものだ。そして、理性的存在である人間において、最も卓越した能力は「理性」である。そうである以上、人間は、他の諸動物とは異なり、単に諸々の感覚的欲求が満たされること――感覚という能力が開花して十全に働きを為すことができるようになること――で満足することはできない。人間の有する最高の能力である理性が最高度に活動することによって初めて人間の幸福は実現される。そして、人間の理性が最高度に活動するのは、最高の存在である神をありのままに認識するときである。そうである以上、「人間の完全な幸福は神を直接的に観ることのうちにある」ということが帰結するとトマスは述べているのだ。ここにおいては、アリストテレス的な幸福観と「神を観る」というキリスト教的な世界観との絶妙な統合が見出される。

だが、ここまでの話は、あくまでも、原理的な話にすぎない。理想論にすぎないと言ってもいいかもしれない。理論的に言えば、人間の究極的な幸福は「神を直接的に観ること」のうちにあることが想定されるかもしれないが、それはあくまでも想定であり仮定にすぎないのであって、実際には、「神を直接的に観る」などということは可能ではなく、人間は「完全な幸福」など実現することはできない、というのがこの世界の現実かもしれないのだ。右記のテクストにおいて、「知性が可知的なものに一致させられるような仕方で、人間知性が直接的に神の本質に一致させられるところにまで到達するというようなこの状態にまで人間が到達することは、〔人間と神の〕本性の巨大な距離のゆえに、けっしてできないと誰かに思われることが可能であった」とトマスが述べているのはそのような意味である。

「受肉」による「至福」の基礎づけ

このテクストに登場している「可知的なもの」という概念は、「可感的なもの」との対で使われる概念だ。「可感的なもの」とは、感覚によって捉えることが可能なものという意味である。空の色、鳥の鳴き声、金木犀《きんもくせい》の匂いといったたぐいのものだ。それに対して、「可知的なもの」とは、知性によって捉えることが可能なものという意味である。数学の公式、物理法則、天体の規則的な運動といったたぐいのものだ。そして、トマスの場合、何よりも、感覚的世界を超えた「神」が「可知的なもの」のなかで最も重要なものになる。

だが、単に理性的存在であるのみではなく、身体を備えた感覚的存在でもある人間にとって、元来馴染み深いのは、感覚的世界の諸事物であって、神は簡単には捉え難い。たとえ神が存在するとしても、それは果たして人間の能力で捉えることができるようなものなのだろうか。「人間の完全な幸福は神を直接的に観ることのうちにある」という命題は、たとえ正しい命題であったとしても、真の幸福の獲得の希望を与えるのみではない。むしろ、あまりにも達成困難なものとして「絶望」を与える可能性もある。このような状況に置かれた人間に対して、「受肉」は大きな助けを与えたとトマスは述べているのである。

「ペルソナ的一致」の含意するもの

前掲の引用の後半部において、「神が人間本性を自らにペルソナにおいて一致させることを意志した」と言われているのは、表現は難解だが、これは「受肉」を言い換えたものにほかならない。「ペルソナ(persona)」とは、英語のperson(人格)の語源にあたるラテン語であり、古代末期のキリスト教の教義論争において盛んに使用された概念である。この概念が神に関して使用されるさいには「位格《いかく》」と訳され、人間に関して使用されるさいには「人格」と訳される。

英語ではどちらもpersonである。

教義論争の問題に深入りすることは控えたいが、簡単に言うと、三位一体論においては、「一つのスブスタンティア、三つのペルソナ(una substantia, tres personae)」という基本図式が成立した。神は「実体・本質(substantia《スブスタンティア》)」においては「一」であるが、「位格(persona)」においては「父と子と聖霊」という「三」だという見解が正統教義として成立したのである。それに対して、キリスト論においては、キリストは「位格(persona)」においては「一」であるが、その一なる位格が「神的本性(神性)」と「人間本性(人性)」という二つの「本性(natura)」を担うという見解が正統教義として成立した。普通の人間においては、一つの「人格(persona)」という実体が一つの「人間本性」を担っているが、キリストにおいてのみ、「一つの位格(persona)、二つの本性」という在り方が成り立っている。キリスト論に関する正統的な立場を最終的に確立したカルケドン公会議(四五一年)で採択された「カルケドン信経」においては、これらの概念を駆使しながら、キリストのことを次のように規定している。

それゆえ、聖なる教父たちに従って、我々すべては一致して次のように教え、告白する。我々の主イエス・キリストは唯一にして同一なる子であり、神性(deitas)において完全であり、人性(humanitas)において完全である。真の神であり、真の人間であり、理性的霊魂と肉体とから成る。神性において父と同一実体であり、人性において我々と同一実体である。罪を除いてあらゆる点において我々と同様である。神性においては代々《よよ》に先立って父から生まれ、人性においては我々のために、また我々の救いのために、この終わりのときに神の母処女《おとめ》マリアから生れた。

唯一で同一のキリスト、主なる独り子であり、二つの本性において、混合も、変化も、分割も、分離もなしに知られる。結合によって二つの本性の相違が取り去られることはけっしてなく、むしろそれぞれの本性の固有性は保持され、唯一のペルソナすなわち自存者(subsistentia《スブシステンティア》)のうちに共に存在している。

二千年に及ぶキリスト教史のなかでも、このテクストは極めて重要なものであり、詳しく説明するならば、かなり多くの紙幅を割く必要がある。だが、ここでは、トマスの受肉論を理解するのに必要な範囲内の説明に留めておこう。理解すべきポイントは、イエス・キリストは「真の神」であり、同時に「真の人間」でもあるということだ。キリストは「神人《しんじん》」だという表現があるが、この表現は正確に理解する必要がある。キリストが「神人」だというのは、彼が「真の神」であり同時に「真の人間」でもあるという意味であって、「神」でもなければ「人」でもないようなたぐいの中間的な「神人」という第三の種類の存在だという意味ではない。末尾において「混合も変化も」存在しないと言われているのはそういう意味である。

このように理解することによって、キリストは神的本性または人間本性という一つの本性しか持たないという極端からも、二つの本性を有することによってキリストはいわば人格的に分裂した存在になってしまったり、人と神が混合したキマイラ的存在になってしまったりするというもう一つの極端からも距離を取って、神的でもあり人間的でもあるキリストの活動を十全な仕方で説明することが可能になった。カルケドン公会議において成立したこのような捉え方は、「位格的結合・ペルソナ的一致(unio personalis)」と呼ばれる。キリストの唯一の位格において、神性と人性が混合も変化も分割も分離もすることなしに一致してしているという捉え方である。ペルソナは、相異なる二つの本性が内的統一を保ちながら混じり合わずに共存することを可能にさせている原理なのである。

トマスの立場の独自性──「位格的結合」の含意するもの

ここまでの話は、特にトマス固有の話ではない。古代末期以来のキリスト教の正統的な立場に共通の話である。トマスの立場の独自性は、位格的結合の話と、知性論・至福論とを独自な仕方で結びつけていることのうちに見出される。キリストは、神的本性と人間本性との緊密な結合のこの上ないモデルである。人間本性が神的本性と直接的に結びつくことが可能だということが、キリストという歴史的人物において示されることを通じて、人間と神との緊密で直接的な結びつきが不可能ではないということが具体的にありありと示された。「人間が、神を直接的に観ることを通じて、知性によって神に一致させられうるということが、最も明瞭な仕方で人間たちに示されている」というのはそういう意味である。そうであるからこそ、「人間の幸福に対する希望を鼓舞するために、神が人間本性を摂取するということは、最もふさわしいこと(convenientissimum)であった。だからこそ、キリストの受肉のあと、人間は天上的な幸福をよりいっそう熱望し始めたのである」。

四 「ふさわしさ」の論理

キリスト論と「ふさわしさ」の論理

この『対異教徒大全』のテクストにおいてとりわけ興味深いのは、「最もふさわしいこと(convenientissimum)」という表現である。ここで最上級で使われているconveniens《コンヴェニエーンス》というラテン語は、「ふさわしい」とか「適切な」という意味の形容詞だ。第三章において既に言及したように、この語が使われるのは、理性によって何かを必然的な仕方で論証することができない場合である。とりわけ頻繁にこの語が使用されるのは、キリスト論のなかにおいてである。数学の公式や天体の運動などについては、必然的な仕方で何かを論証することができるだろう。だが、キリストがどのような存在であったのかということについてどのような立場に立つとしても、大半の人が間違いのないこととして認めることがあるとすれば、彼がこの偶然的な世界に生まれてきた一人の歴史的人物であるということだ。数学のある公理から一つの公式を導き出すような仕方で、または、天体の運動法則からある時点におけるその位置を特定するような仕方で、キリストについて必然的な真理を語ることはできない。紀元前後にパレスチナに生まれ、宗教的活動をするが、十字架に架けられて亡くなってしまう「イエス・キリスト」という一人物が存在することが必然であったなどということを理性で証明することはできないのだ。

それでは、理性で証明できないにもかかわらず、そのキリストを「救い主」として信じているキリスト教徒は、単なる無根拠な思い込みや盲信に陥っているということになるのだろうか。トマスはそうは考えない。理性的に突き詰めて考察して、必然的なこと、または確実なこととして証明することができないのであれば、完全に不確実なこと、または徹底的に偶然的なこととして知の領域から追いやってしまうしかないというようには考えない。たとえ完全に確実だとまでは言えないにしても、そして必然的に論証することはできないとしても、丁寧な理性的考察の意義がなくなってしまうわけではない。いや、もっと積極的に語ることもできる。人生において真に重要な事柄において、理性で論証できることなど何があるだろうか。どのような友や伴侶を選ぶか、周囲の誰を信用し誰を信用しないのか、どのような職業を選択するか、ある宗教にコミットするのかしないのか、このような事柄は、たいてい、厳密な論証の対象にはなりえない。だからといって、これらの事柄が理性的な考察の対象にはならないということはないだろう。正反対だ。このような事柄こそ、慎重で多面的な理性的考察の対象になるのだ。「人類の救い主」として広く受け入れられてきた「イエス・キリスト」を、自分はどのような存在として受けとめるのか。「救い主」として受け入れるのか、受け入れないのか。「救い主」として受け入れるとしても、どのような仕方で受け入れるのか。たとえ「救い主」として受け入れるとしても、どのような意味における「救い主」として受け入れるのか。キリストという存在を、どのような仕方で自らの世界理解のなかに位置づけることができるのか。

このような問題に対して、トマスは、信仰か不信仰かという二分法のみで答えようとはしない。信仰するといっても、抽象的な教義の集合体を「信じ込む」のではない。理性的な考察を排除して、信仰箇条を盲目的に受け入れるのではない。実際に起こることは正反対だ。自らの救済に関わる最も重大な事柄だからこそ、盲目的に受け入れるというような態度で解決したつもりになることはできない。何が必然的に正しい事柄かということを絶対に確実な仕方では論証できないからこそ、繊細な仕方でその事柄を多面的にそして柔軟な仕方で丹念に考察していくことが必要となる。そこで登場してくるのが「ふさわしさ(convenientia)」の論理なのだ。

受肉による人間本性の「回復」

トマスは、『神学大全』第三部第一問題第二項において、「人類の回復のために神の御言葉が受肉するのは必要なことであったか」という問いを立て、キリストの受肉が及ぼした影響を十の観点から論じている。とても興味深いテクストなので、丁寧に読解してみよう。

この問いに答えるにあたって、トマスはまず、ある目的のために何かが必要だと言われるのに二つの場合があると述べている。一つ目は、「それなしにはあることが不可能である場合」であって、「人間の生命の保持のためには食物が必要だ」と言われるような場合である。二つ目は、「それによってよりよくよりふさわしい仕方で目的へと到達される場合」であって、「馬が旅に必要だ」と言われるような場合である。この第二の意味こそ「ふさわしさ」の論理が適用される場合にほかならない。この二つの場合分けに基づき、トマスは次のように述べている。

第一の意味においては、神が人間本性の回復のために受肉することは、必要(必然的)ではなかった。というのも、神はその全能の力によって、それとは別の多くの仕方で、人間本性を回復させることができただろうからである。それに対して、第二の意味においては、神が受肉することは、人間本性の回復のために、必要であった。

原理的に考えれば、神は全能である以上、人間本性の回復という目的を達成するにあたって、受肉するという選択肢に縛られる必然性・必要性はなく、全く別の仕方によっても実現することができたであろう。だが、新約聖書を読むと、神は人間の救済のために、すなわち人間本性の回復のために受肉したと書かれている。こうしたことが実際に起こったということがキリスト教の基本的な教えである以上、キリスト教にコミットして神学を組み立てていくためには、受肉という出来事を受け入れたうえで、その出来事の意味を考察していくのがふさわしい。

ここで人間本性の「回復」という言い方がされているのがなぜかと言えば、最初の人間であるアダムが罪を犯して以来、人間の本性が神の恩寵から切り離されてしまい、人間本性が有していた原初の輝きが弱まってしまったといういわゆる原罪論が踏まえられているからだ。「回復」と言われると、単に原状復帰するだけだという印象を与えるが、実はそうではない。トマスは『神学大全』第三部第一問題第三項において、「もしも人間が罪を犯していなかったとしても神は受肉していたであろうか」という問いを立て、次のように述べている。

罪の後に人間本性がより大いなる何ものかへと導かれたとしても、何ら差支えない。というのも、神は、より善い何かをそこから引き出すために、悪を許容するからである。それゆえ「ローマの信徒への手紙」第五章〔第二十節〕において、「不義の増したところには、恩寵も一層満ち溢れた」と言われている。また、だからこそ復活祭の蝋燭の祝福においても、「おお幸いなる過ち（felix《フェーリークス》 culpa《クルパ》）よ、かくの如き、かくも偉大なる贖《あがな》い主を持つに値したとは」と言われているのである。

このテクストにおいて「幸いなる過ち（felix culpa）」と訳した言葉は、古代末期以来、キリスト教における救いの在り方を象徴するものとして広く使われてきた神学的概念の一つである。罪によって楽園を失ってしまったアダムの罪は、それ単体としてみれば、不幸な過ちであった。だが、神は悪をも善用する方《かた》である。アダムの罪を通して失われた人間と神との親密な関係を回復するために、キリストという救い主を遣わして、人類の罪を贖わせ（罪のつぐないをさせ）、人類に至福への道を備えてくださった。そして、キリストを通じて人類に与えられることになった至福は、楽園においてアダムが有していた幸福とは異なり、永遠に失われることのない天国における神と人間との完全な一致である。その意味において、アダムの罪は、人類を究極的な至福へと導くキリストの受肉をもたらすきっかけになったものとして、「幸いなる過ち」と呼ばれる。その歴史性を含め、「アダム」という存在をどのように位置づけるにせよ、救済の歴史に関するキリスト教の教えが、非常に前向きで未来志向的なものであるということが読み取れる興味深い神学的概念と言えよう。

受肉の意義

人間本性を回復させるために受肉がふさわしいものであった理由を、トマスは十個列挙している。それは、「人間を善において前進させること」と「悪を除去すること」という二つに大別できる。「人間を善において前進させること」に関しては、受肉という出来事は五つのことを実現した。まずは、そのうちの最初の三つを訳出してみよう。

第一には、信仰に関する限りにおいてである。信仰は、語り給う神御自身を信じることによって、いっそう確固としたものにされる。それゆえアウグスティヌスは、『神の国』第十一巻〔第二章〕において、次のように述べている。「人間がいっそう強い確信を持って真理に向かって歩むことができるように、真理そのものである神の子が、人間を受容することによって、信仰を確立し基礎づけ給うた。」

第二には、希望に関する限りにおいてである。希望は受肉によって最高度に高められる。それゆえアウグスティヌスは、『三位一体論』第十三巻〔第十章〕において、次のように述べている。「我々の希望を高めるためには、神がどれほど我々を愛しておられるかが示されることほど必要なことは何もなかった。だが、神の子が、かたじけなくも我々の本性の共有へと到り給うたこと、これ以上に明白なそのことの徴《しるし》があるだろうか。」

第三には、愛に関する限りにおいてである。愛は受肉によって最高度にかき立てられる。それゆえアウグスティヌスは、『初心者に教義を教えることについて』において述べている。「神が御自身の愛を我々の間で示すということよりもより大いなる主の到来の原因があるだろうか」と。そして、さらに続けて次のように述べている。「たとえこれまで〔神を〕愛することに気乗りがしなかったとしても、せめて、愛し返すことに気乗りがしないことがないように」と。（III, q.1, a.2）

受肉という出来事が引き起こした効果についてのこの三つの観点は、どれも比較的分かりやすいものだろう。この三つは、一見雑然と列挙されているように見えるかもしれないが、そうではない。トマスは、「信仰」「希望」「愛」という「神学的徳」を順番に列挙し、そのそれぞれが受肉によって最高度に強められたと述べているのである。

トマスの語り口——伝統の継承と深化

ここで注目したいのはトマスの語り口だ。第一点から第三点までのすべてにおいて、トマスは、自らの説明よりも明らかに長くアウグスティヌスからの引用を行っている。古代末期にキリスト教の教えの基礎を築いた教父たちのなかでも、ラテン世界において最も決定的な影響を広大に及ぼしたのはアウグスティヌスだが、そのアウグスティヌスの受肉についての言及を、様々な著作から寄せ集めつつ、トマスは自らの論の有機的な構成要素として組み込んでいる。

トマスは、どのようなテーマについて論じるときであっても、自分の言葉のみで論じるということはめったになく、ほぼ常に、自らに先行する論者の見解や聖書の言葉を引用し、それを解釈しながら論述を進めていく。だが、その引用の仕方や頻度は、論じているテーマに応じて微妙に変化していく。たとえば、『神学大全』第二部の人間論(倫理学)においては、かなりの頻度でアリストテレスの『ニコマコス倫理学』が引用される。それに対して、第三部のキリスト論においては、アリストテレスからの引用はめっきり少なくなり、アウグスティヌスやダマスケヌス(六五〇頃―七五〇頃)といった教父たちの著作が圧倒的に存在感を増してくる。

違いはそれだけではない。第一部の神論や第二部の人間論では見受けられなかった「ふさわしさ」に関する問いが第三部のキリスト論においては頻出し、その問いに対する解答は、往々にして、聖書と教父以来の代表的な見解を網羅的に紹介しつつ、それをトマス独自の観点から分類しつつ考察を一歩進めるという形式を取る。第一部や第二部においては、様々な権威が引用されるにしても、論の中心はあくまでもトマス自身の論理展開であるのに対して、第三部においては、聖書や教父からの引用を省いてしまったら味も素っ気もなくなってしまうような箇所がしばしば見受けられる。右記のテクストに関しても、アウグスティヌスからの三つの引用文を省いてしまったら、いかにその魅力が薄れてしまうか、一目瞭然であろう。トマスの論は、キリスト教の揺籃期にキリストの受肉の意義について新鮮な仕方で考え抜いたアウグスティヌスからの引用によって瑞々《みずみず》しい生命を与えられているとも言えるし、逆に、トマスの絶妙な引用の組み合わせによって、千年近く前に語られたアウグスティヌスの言葉が生命を与え直されて、受肉したキリストの存在意義を浮き彫りにしているとも言える。

事態は、第三部の他の箇所でも同様である。たとえば『神学大全』第三部第四十六問題第四項においては、「キリストは十字架において受難しなければならなかったのか」という問いが立てられ、「キリストが十字架の死を蒙ったのは最もふさわしいことであった」としつつ、七つの理由が列挙されている。そのさい、「詩篇」「ヨハネ福音書」「エフェソの信徒への手紙」といった聖書に含まれる諸文書のみではなく、アウグスティヌス『八十三問題集』『ヨハネ福音書講解』、ヨハネス・クリュソストムス(三四七頃―四〇七)『十字架と盗賊について』、ニュッサのグレゴリウス(三三〇頃―三九五頃)『キリストの復活』といった東西の教父の著作を豊富に引用しながら議論が進められている。教父たちの「権威」によってトマスは自らの見解を正当化しているというよりは、むしろ、受肉の神秘に対する古代以来の優れた思索と自らの思索とを接続させ、単なる個人的な見解に還元されることのない、歴史的な厚みのある論述を展開しようとしている。我々は、トマスの声だけではなく、神秘に触れた教父たちの心の奥底から発された多様な声が時空を超えて響き渡る空間へと、トマスによって編まれた論述を通して導き入れられるのである。

「受肉の神秘」という人間理性による把握を超えた事柄の意味するものを、それにもかかわらず理性に基づいて探求しようとするトマスは、徒手空拳で孤独な取り組みをすることはしない。最大の手がかりである聖書を熟読しつつ、自らに先行する教父たちが探求の果てに残した熟考の精華を網羅的に列挙しつつ独自の視点に基づいて編集し直すことによって、自らの限りある視点のみではなく、多面的に様々な角度から手応えのある議論を積み重ねている。雑然としているようにさえ見えかねない列挙方式を採用することによってこそ、「受肉の神秘」が人間にとって持ちうる意義の多面性が、多面的なままに、全体として浮き彫りになっていく。特定の原理から出発して演繹的に議論を進めていくタイプの議論からは原理的に生まれてくることのできない豊かな洞察が、全体として一つの言語宇宙を形成し、「受肉の神秘」が、卓越した神学者たちの理性の共同作業を通じて、人間理性に可能な限り解読されていくことになる。そしてトマスのテクストに触れる読者は、列挙されている議論のすべてから心を動かされることはないかもしれないが、自らの心を触発してきた聖書や教父の引用に惹かれ、その聖書の文書や教父の著作へとさらに手を延ばすことによって、「受肉の神秘」を自らの理性を駆使して探求していくための大きな手がかりを与えられもするのである。

受肉の神秘の多様な働き

「受肉の神秘」の存在意義に関する魅力的な議論の列挙をさらに見てみよう。トマスは、受肉が「人間を善において前進させること」の第四点と第五点について次のように述べている。

第四には、正しい行為についてである。この点に関して〔キリストは〕御自身を模範として我々に提供した。それゆえアウグスティヌスは、主の降誕についてのある説教において、次のように述べている。「目に見える人間は、従われるべきではなかった。神は従われるべきであったが、見られることはできなかった。それゆえ、人間から見られることができ、しかも人間が従うことのできる方が人間に示されるために、神は人間となり給うた」。

第五に、真に人間の至福であり人生の目的である、神性に充分に分け与ることに関する限りにおいてである。このことは、キリストの人性を通じて我々に授けられた。というのも、アウグスティヌスが主の降誕についてのある説教において述べているように、「神が人になったのは、人が神になるためであった」からである。

第四点の、人間の模範としての神人キリストという観点については、特に説明を付け加える必要はないだろう。多くの読者にある種の衝撃を与えると思われるのは第五点だ。「神が人になったのは、人が神になるためであった」というのは、とても大胆な言葉である。だが、これはアウグスティヌスのみではなく、キリスト教の教えの基礎を形作った古代末期の教父たちの多くに共通の見解であった。とはいえ、もちろん、人間は文字通り神そのものになるわけではない。トマスはそのような誤解を防ぐために、「神性に充分に分け与ること」という言い換えを行っているのだ。

「受肉の神秘」はどのような仕方で人間を善において前進させるのか。以上の五点においてトマスが述べていることを、あえて短くまとめて言い直せば、次のようになるだろう。すなわち、創造者である神御自身が、自ら人類の一員となることによって、人間との緊密な絆を確立し、そのことによって、人間が神との密接な関係性へと入っていく――神性に充分に分け与る――可能性が開かれた。そして、そうした仕方で開かれた「神性に充分に分け与ること」を可能にさせるものこそ、信仰・希望・愛徳という三つの神学的徳にほかならないのだ。聖書や教父の多様なテクストを読んでいるだけでは、あまりに多彩すぎて拡散してしまいがちな受肉の神秘についての多様な考察を、トマスがいかに手際よく凝縮させて一つの大きなヴィジョンのなかに統合しているかが、トマスのこの論述全体から読み取ることができる。

こうしたトマスの論述に触れて、彼は既存の考えを上手くまとめて提示するのが得意だった、と理解するだけでは不十分だ。むしろトマスは、受肉の神秘についての統合的なヴィジョンを抱いていたからこそ、この神秘についての実に多彩な見解を自らの筋道だった論述のなかに絶妙な仕方で組み込んでいくことができたのである。トマスの論述は、往々にしてあまりにも淡々としており、そして他の論者からの引用に充ち満ちているので、当たり前のことをまとめているだけであるかのように見えてしまうこともある。しかし、我々は、こうしたトマスの淡々とした論述を可能にしている彼の驚異的なまでに透徹したヴィジョンを見失ってはならない。

さらにトマスは、「悪を取り除くために有用であった」という観点から、受肉の効果について五点に分けて考察を進めている。すなわち、「これ（受肉）によって、自らよりも悪魔がより優れていると思い、罪の創始者である悪魔を崇拝することのないように教えられる」（第一点）。「これ（受肉）によって、罪を犯すことによって人間本性を汚すことのないように、人間本性の尊厳がいかばかりのものかを教えられる」（第二点）。「人間の僭越を取り除く」（第三点）。「神に固着するために最大の妨げである人間の傲慢が、かくも大きな神の謙遜によって退けられ癒されうる」（第四点）。「人間を奴隷状態から解放する」（第五点）。そして各点についてアウグスティヌスの著作を引用し、第五点については教皇レオ一世（在位四四〇－四六一）の言葉をも引用している。以上が、受肉の「神秘」の「ふさわしさ」として「理性」に基づいてトマスが与えている説明である。

「神秘」の把握不可能性

このように、全部で十の観点から受肉という出来事の「ふさわしさ」を浮き彫りにしてから、トマスは、「〔受肉の〕結果として生じた他の非常に多くの効力があるが、それは人間精神の把握(comprehensio)を超えている」と述べている。ここで「把握」と訳したcomprehensio《コンプレヘーンシオー》という語は神学用語の一つである。トマスによると、「把握とはものの側から見た認識の十全さを意味するのであり、すなわち、認識されることが可能な限りを尽くして認識されるということである」(II-II, q.28, a.3, ad 3)。「把握する」とは「完全に理解する」という意味なのである。

理性を超えた神の神秘は、キリストの受肉という出来事を通じて、人間に対して開示された。キリストの出来事を神秘の開示として受けとめた人々は、理性を最大限に駆使して、その意義を長い時間をかけて考え続けてきた。トマスは、自らに至る千年以上のキリスト教神学が編み出してきた受肉の意義についての豊かな洞察を受け継ぎつつ、独自の仕方で受肉の神秘についての理性的な探求を推し進め、体系的な考察を我々に残してくれている。

「神秘」と「理性」は決して相反するものではない。受肉の「神秘」と出会うことによって、人間の「理性」は、それまでは思ってもみなかったような仕方で、神について、そして人間について、新たな仕方で考察するための手がかりと動機づけを与えられる。「神秘」は、「神秘」であることによって「理性」を拒むのではなく、むしろ、「理性」による新たな探求を促し続ける。だが、「理性」によって理解し尽くされることは決してない。理解し尽くされないからこそ、汲み尽くしえない意義と魅力の源泉であり続けることができるのだ。「把握を超えている」という言い方のなかには、理性によって理解可能だが理解し尽くすことはできないという神の神秘のこのような両義性が実に絶妙な仕方で表現されているのである。

五　人間理性の自己超越性——「神秘」との対話

「理性」と「神秘」

以上の論述によって明らかなように、聖書を通じて人間に啓示される諸々の事柄——それは「神の受肉」に極まる——が「神秘」と呼ばれるのは、人間理性による接近を拒むものという意味ではない。むしろ、それは、人間の理性的な探求を惹きつけてやまない根源的な謎だ。「神」と呼ばれる絶対的な何ものかが存在するとしたら、それは原理的に人間理性による把握を超えているはずだから理性によって探求しても意味がない、とはトマスは考えない。だからといって逆に、人間理性によって「神」を理解し尽くすことができるとも考えない。すべてを把握できるはずという傲慢からも、何も理解できるはずがないという諦めからも解放されて、イエス・キリストによって開示された神の神秘へと理性によって肉薄していこうという開かれた態度、それがトマスの探求を貫いている根本精神にほかならない。

理性は、理性を超えたものとの出会いにおいて、その無力さを露わにするのではなく、むしろ、その本領を発揮する。自らの力を超えたものを理解すべく格闘するなかで、自らが、思いがけないほどの豊かな力を有していることをあらためて自覚していくことができる。そのような格闘こそが、トマスの驚異的な知的達成の原動力であったのだ。

こうした仕方で、人間の「理性」と、「理性」を超えた「神秘」である神との絶妙な絡まり合いが、トマスの思想体系を隅々まで支配しており、「理性」と「神秘」の相互関係を軸とすることによってこそ、トマス哲学・トマス神学の本質が最も的確な仕方で浮き彫りになる。

本章の冒頭で述べたように、トマスは受肉の神秘を、最高善である神の自己分与・自己贈与という観点から捉えている。そして、人間は理性を駆使することによって、受肉という出来事の「ふさわしさ」に対する理解を様々な角度から積み重ねていくことができる。その「ふさわしさ」とは、一言で言えば、人間性と神性との緊密な一致によって、人間の真の幸福を実現することが可能になるということであった。神の自己贈与として語られるキリストの受肉は、我々の存在意義それ自体の贈与として語られているのだ。だが、その存在意義は、自動的に与えられるようなものではない。理性の時間をかけた多角的な思索によって初めてその全体像——把握不可能性も含めて——が浮き彫りになっていく。受肉の神秘を通じた神から人間への驚くべき贈与の内容は、たしかに人間の理性を超えてはいるが、理性に反するものではなく、人間理性の有している可能性を全く思いがけない角度から現実化してくれるものなのである。

恩寵は自然を完成させる

トマスの有名な言葉の一つに、「恩寵は自然を破壊するのではなく、むしろそれを完成させる」(I, q.1, a.8, ad 2)というものがある。トマスの調和的精神を象徴する言葉だ。類似した言葉として、「恩寵は自然を自然の在り方に基づいて完成させる」(I, q.62, a.5)というものもある。

人間を遥かに超えた神は、超自然的な恩寵に基づいて人間に働きかけてくる。だが、だからといって、その働きかけを受けた人間は、人間としての自然な在り方を失ってしまうのではない。また反対に、外から到来する恩寵は、人間がもともと自然に追い求めているものを都合よく満たしてくれるだけの存在でもない。「目が見たこともなく、耳が聞いたこともなく、人の心に思い浮かんだこともなかったこと、これこそ、神がご自分を愛する者たちのために用意してくださったもの」(「コリントの信徒への第一の手紙」第二章第九節)と言われるほどの恩寵、

「神の本性に分け与る」というような信じ難いほどの恩寵に参与させられることを通じて、自らの精神が心底追い求めていたものが、自らの元々の思いを超えた仕方で与えられ、実現させられる。人間であることを限りなく超えていくことこそ、真に人間的なことなのである。

現代に語りかけるトマス

トマスにとって、人間が理性的存在であるということは、理性によってすぐに理解できる事柄に安住することを意味しているのではない。また、理性の行使を通じて獲得することができるような「枢要徳」を身につけるということに尽きるのでもない。「恩寵のみ」「信仰のみ」「聖書のみ」といった信仰主義的な仕方ですべてを解決しようとするのではなく、「理性」を徹底的に重視するところにトマスの探求精神の最大の特徴があるが、そのさいの「理性」は、理性を超えたものへと限りなく開かれたものだ。理性を超えた神秘との対話のなかで、理性の働きの及ぶ範囲を絶えず拡大し続ける自己超越的な在り方を常に担い続けていくことこそが、真に理性的な態度だと捉えられている。

哲学史においては、トマスは、信仰と理性を調和させた人物として紹介されることが多い。だが、その「調和」を静的《スタティック》なイメージで捉えると、極めて大事なことを捉え損なってしまう。人間理性は、啓示を通じて開示される神の神秘と出会うことによって、自らの限られた能力に絶望してしまうのではない。むしろ、自らの理性をその極みまで活用するための決定的な問いを与えられる。信仰において出会われる神の神秘は、人間理性に限りない刺激を与え、自己の既存の在り方を超えた絶えざる探求へと人間を動的《ダイナミック》に動かし続けていくのだ。

世俗化した現代世界において、最も見失われていることの一つは、まさにこのような、理性と、理性を超えたもの――宗教的超越者――とのバランスの取れた関わり方ではないだろうか。何らかの宗教を信仰し実践する人にとっても、特定の信仰を実践することのない人にとっても、「信じる」ということは、人間の知的活動と切り離された非合理な営みとして捉えられがちだ。

「神」という言葉で呼ばれてきた慈愛に満ちた世界の根源を信じるということ、理性を超えた「神秘」を自らの人生に意義を与えてくれるかけがえのないものとして受け入れること、現代においてそのような在り方を追求しようとするさいに、人間理性の開かれた可能性を肯定するトマスの神学は、極めてバランスの取れたモデルを提供してくれるのではないだろうか。なぜなら、理性を超えた「神秘」を受容することが、理性の役割を否定したり人類の様々な知的な達成を拒否したりすることにつながるどころか、むしろ人類に普遍的な理性の積極的な役割をより強く是認することにつながりうるような視座を、トマスは提供してくれているからだ。死後七百年以上を経て、トマスのテクストは、このような仕方で、いまだ汲み取り尽くされていない豊かな読解可能性を、読者である我々に与え続けてくれているのである。

あとがき

本書を貫いている根源的なテーマの一つは、「善の自己拡散性」「善の自己伝達」という根本原理である。この原理は単なる抽象的な一教説に留まるものではない。自分の人生を顧みると、それがいかに多くの善の贈与によって支えられてきたのか、驚かざるをえない。善を贈与してくれているのは、万物の創造主である神のみではない。私に人間としての生命を伝達し育んでくれた両親、様々な知識や知恵を伝達してくれた恩師たち、愛情を贈与してくれた友人たち、溢れんばかりのこれらの善の贈与なしには、私の人生は片時たりとも存続することができなかっただろう。

私にとってとりわけ特別な意味を持ってきたのは、トマスからの善の贈与であった。この世界をどのように受けとめて生きていくべきかということに関して、トマスのテクストから与えられたものはあまりにも大きすぎて、一冊の新書で語り尽くせるようなものではない。

トマスから学んだことは、キリスト教神学や西洋哲学に関する基本的な諸概念の意味や、トマス独自の体系的な神学的・哲学的考察のみではない。先覚者たちの残した貴重なテクスト群から的確に学びつつ、それを踏まえたうえで独自な考察を展開していくその基本的な思索態度。また、自らの洞察を、徹底的に分かりやすい言葉で丁寧に語り明かしていくその語り口。哲学・神学の学徒として最も必要なそのような姿勢をトマスは私に教えてくれた。

本書は、トマスから多大な善の贈与を受け取った筆者が、それを読者に伝達することを目的として執筆された。「より下位の天使」が「より上位の天使」が有する知恵から多大な贈与を受け取りつつも、常に「より上位の天使」よりも下位に留まるように、トマスから学んだ筆者の知恵は、トマス自身が有する知恵に及ぶものではない。この小著を通してトマスの豊かな言語宇宙へと導き入れられた読者が、トマス自身のテクストから、さらには知恵そのものである神の言葉(聖書)からより豊かな善の贈与を受け取ることへと導かれていくことを願っている。

神や天使や哲学者が存在しているだけでは書物がこの世界に生まれくることはない。本書誕生の背後には、多くの方々の尽力が存在している。そのなかでも、企画の当初から的確なアドバイスを与え続けてくださった担当編集者の中山永基さんに感謝の言葉を述べつつ擱筆したい。

二〇一七年九月

山本芳久

1974 年.
――『四枢要徳について：西洋の伝統に学ぶ』松尾雄二訳，知泉書館，2007 年.
フランシスコ会聖書研究所訳注『聖書：原文校訂による口語訳』サンパウロ，2011 年.
山本芳久『トマス・アクィナスにおける人格《ペルソナ》の存在論』知泉書館，2013 年.
――『トマス・アクィナス　肯定の哲学』慶應義塾大学出版会，2014 年.
リーゼンフーバー，クラウス『中世思想史』村井則夫訳，平凡社ライブラリー，2003 年.
Deferrari, Roy J., ed., *A Lexicon of St. Thomas Aquinas: Based on the Summa theologica and Selected Passages of his Other Works*, Washington, D. C.: Catholic University of America Press, 1948.
Torrell, Jean-Pierre, *Initiation à Saint Thomas d'Aquin: Sa personne et son œuvre*, 3e éd., Éditions du Cerf, 2008.
――, *Saint Thomas d'Aquin, maître spirituel*, Nouv. éd. profondément remaniée et enrichie d'une bibliographie mise à jour, Éditions du Cerf, 2017.

参考文献

稲垣良典『現代カトリシズムの思想』岩波新書，1971年.
――『トマス・アクィナス』勁草書房，1979年.
――『トマス＝アクィナス』清水書院，1992年.
――『トマス・アクィナス』講談社学術文庫，1999年.
教皇フランシスコ『回勅 信仰の光』カトリック中央協議会司教協議会秘書室研究企画訳，カトリック中央協議会，2014年.
教皇ベネディクト十六世『回勅 神は愛』カトリック中央協議会司教協議会秘書室研究企画訳，カトリック中央協議会，2006年.
――『回勅 希望による救い』カトリック中央協議会司教協議会秘書室研究企画訳，カトリック中央協議会，2008年.
教皇ヨハネ・パウロ二世『回勅 信仰と理性』久保守訳，カトリック中央協議会，2002年.
共同訳聖書実行委員会編『聖書　新共同訳　旧約聖書続編つき引照つき』日本聖書協会，1998年.
上智学院新カトリック大事典編纂委員会編『新カトリック大事典』研究社，1996-2010年.
チェスタトン，G. K.『久遠の聖者　アシジの聖フランチェスコ聖トマス・アクィナス伝』生地竹郎訳，春秋社，1976年.
デンツィンガー，H. 編；シェーンメッツァー，A. 増補改訂『カトリック教会文書資料集：信経および信仰と道徳に関する定義集』浜寛五郎訳，改訂4版，エンデルレ書店，1992年.
トマス・アクィナス『神学大全』高田三郎・稲垣良典・山田晶他訳，全45巻，創文社，1960-2012年.
――『神学大全Ｉ』『神学大全II』山田晶訳，中公クラシックス，2014年.
――『トマス・アクィナス（中世思想原典集成14）』上智大学中世思想研究所編訳，平凡社，1993年.
ピーパー，ヨゼフ『愛について』稲垣良典訳，エンデルレ書店，

山本芳久

1973 年生まれ．東京大学大学院人文社会系研究科（哲学専門分野）博士課程修了．博士（文学）
現在－東京大学大学院総合文化研究科教授
専攻－哲学・倫理学（西洋中世哲学・イスラーム哲学）
著書－『トマス・アクィナス 肯定の哲学』（慶應義塾大学出版会）
『トマス・アクィナスにおける人格《ペルソナ》の存在論』（知泉書館）
「三大一神教と中世哲学――超越と理性」（『Nύξ』第 4 号，堀之内出版）
「イスラーム哲学――ラテン・キリスト教世界との交錯」（『西洋哲学史Ⅱ』講談社選書メチエ）ほか

トマス・アクィナス 理性と神秘　岩波新書（新赤版）1691

2017 年 12 月 20 日　第 1 刷発行
2024 年 4 月 26 日　第 7 刷発行

著　者　山本芳久《やまもとよしひさ》

発行者　坂本政謙

発行所　株式会社 岩波書店
〒101-8002 東京都千代田区一ツ橋 2-5-5
案内 03-5210-4000　営業部 03-5210-4111
https://www.iwanami.co.jp/

新書編集部 03-5210-4054
https://www.iwanami.co.jp/sin/

印刷製本・法令印刷　カバー・半七印刷

ISBN 978-4-00-431691-6　Printed in Japan

岩波新書新赤版一〇〇〇点に際して

ひとつの時代が終わったと言われて久しい。だが、その先にいかなる時代を展望するのか、私たちはその輪郭すら描きえていない。二〇世紀から持ち越した課題の多くは、未だ解決の緒を見つけることのできないままであり、二一世紀が新たに招きよせた問題も少なくない。グローバル資本主義の浸透、憎悪の連鎖、暴力の応酬――世界は混沌として深い不安の只中にある。

現代社会においては変化が常態となり、速さと新しさに絶対的な価値が与えられた。消費社会の深化と情報技術の革命は、種々の境界を無くし、人々の生活やコミュニケーションの様式を根底から変容させてきた。ライフスタイルは多様化し、一面では個人の生き方をそれぞれが選びとる時代が始まっている。同時に、新たな格差が生まれ、様々な次元での亀裂や分断が深まっている。社会や歴史に対する意識が揺らぎ、普遍的な理念に対する根本的な懐疑や、現実を変えることへの無力感がひそかに根を張りつつある。そして生きることに誰もが困難を覚える時代が到来している。

しかし、日常生活のそれぞれの場で、自由と民主主義を獲得し実践することを通じて、私たち自身がそうした閉塞を乗り超え、希望の時代の幕開けを告げてゆくことは不可能ではあるまい。そのために、いま求められていること――それは、個と個の間で開かれた対話を積み重ねながら、人間らしく生きることの条件について一人ひとりが粘り強く思考することではないか。その営みの糧となるものが、教養に外ならないと私たちは考える。歴史とは何か、よく生きるとはいかなることか、世界そして人間はどこへ向かうべきなのか――こうした根源的な問いとの格闘が、文化と知の厚みを作り出し、個人と社会を支える基盤としての教養となった。まさにそのような教養への道案内こそ、岩波新書が創刊以来、追求してきたことである。

岩波新書は、日中戦争下の一九三八年一一月に赤版として創刊された。創刊の辞は、道義の精神に則らない日本の行動を憂慮し、批判的精神と良心的行動の欠如を戒めつつ、現代人の現代的教養を刊行の目的とする、と謳っている。以後、青版、黄版、新赤版と装いを改めながら、合計二五〇〇点余りを世に問うてきた。そして、いままた新赤版が一〇〇〇点を迎えたのを機に、人間の理性と良心への信頼を再確認し、それに裏打ちされた文化を培っていく決意を込めて、新しい装丁のもとに再出発したいと思う。一冊一冊から吹き出す新風が一人でも多くの読者の許に届くこと、そして希望ある時代への想像力を豊かにかき立てることを切に願う。

（二〇〇六年四月）